数智财经·产教融合系列教材

会计基础数字化
实务操作教程

胡群英　费金华　著

图书在版编目(CIP)数据

会计基础数字化实务操作教程/胡群英，费金华著.
上海：立信会计出版社，2025.5. --(数智财经·产教
融合系列教材). -- ISBN 978-7-5429-7899-8
Ⅰ.F230
中国国家版本馆 CIP 数据核字第 20256521VU 号

策划编辑　　陈　旻
责任编辑　　陈　旻
美术编辑　　吴博闻

会计基础数字化实务操作教程

KUAIJI JICHU SHUZIHUA SHIWU CAOZUO JIAOCHENG

出版发行	立信会计出版社			
地　　址	上海市中山西路 2230 号	邮政编码	200235	
电　　话	(021)64411389	传　真	(021)64411325	
网　　址	www.lixinaph.com	电子邮箱	lixinaph2019@126.com	
网上书店	http://lixin.jd.com		http://lxkjcbs.tmall.com	
经　　销	各地新华书店			
印　　刷	浙江天地海印刷有限公司			
开　　本	787 毫米×1092 毫米	1/16		
印　　张	11.5			
字　　数	288 千字			
版　　次	2025 年 5 月第 1 版			
印　　次	2025 年 5 月第 1 次			
书　　号	ISBN 978-7-5429-7899-8/F			
定　　价	48.00 元			

如有印订差错，请与本社联系调换

前　言

目前,国家正在积极加快数字化发展、建设数字中国、企业数字化转型和提升会计信息化水平。企业会计信息化建设一直在有序推进,业财融合程度逐步加强,新一代信息技术得到广泛应用,会计档案电子化逐步推广。

会计教学,既要体现会计数字化,又要对会计核算原理进行讲解,为此,我们编写了《会计基础数字化实务操作教程》一书。本书的主要特点包括:第一,在原始凭证部分,以会计信息化为基础,结合"大智移云物区"(大数据、人工智能、移动互联网、云计算、物联网、区块链)等技术来介绍数字化原始凭证的生成。第二,在记账凭证部分,基于数字化平台直接生成记账凭证,但为了能让学生了解会计分录的生成原理,我们详细解读每张原始凭证并推导出会计分录。第三,在会计账簿部分,通过数字化平台直接生成会计账簿。第四,在财务会计报表部分,通过数字化平台,按照财务会计报表的取数要求直接生成财务会计报表。

本书是编者与厦门九九网智科技有限公司合作开发的,是产教融合型课程"基础会计理论与实务"的建设成果之一。

在本书撰写过程中,编者得到了江苏理工学院陈国平和张燕老师的大力支持,在此表示衷心的感谢!

我们一直在努力完善本书,若存在不足之处,热诚欢迎广大读者批评指正!

编　者

2025 年 5 月

目 录

第一章　数字化原始凭证 ·· （1）
　一、原始凭证的生成要求 ·· （1）
　二、常用原始凭证的填制和生成 ·· （2）
　三、原始凭证的审核 ·· （60）

第二章　数字化记账凭证 ·· （61）
　一、记账凭证的生成要求 ·· （61）
　二、记账凭证的生成方法 ·· （61）
　三、记账凭证的生成实例 ·· （61）
　四、记账凭证的审核 ·· （156）

第三章　数字化会计账簿 ·· （158）
　一、会计账簿的自动生成 ·· （158）
　二、对账 ·· （158）
　三、结账 ·· （159）
　四、会计账簿查询实例 ··· （159）

第四章　数字化财务会计报表 ··· （166）
　一、财务会计报表的生成要求 ··· （166）
　二、发生额及余额表的查询 ·· （166）
　三、财务会计报表的生成 ·· （168）
　四、财务会计报表的生成实例 ··· （172）

第一章　数字化原始凭证

随着大数据、人工智能、移动互联网、云计算、物联网和区块链等技术在会计领域中的综合应用不断深化,会计凭证的填制和取得方式发生了重大变化,但是其本质要求没有发生改变,如真实性和合规性等。本章主要以会计信息化为基础,结合大智移云物区来介绍数字化原始凭证的生成。

一、原始凭证的生成要求

原始凭证反映的信息是企业进行会计核算的最原始资料,同时也是具有法律效力的证明文件。为了保证会计核算资料的真实、正确和及时,原始凭证的生成,必须符合一定的规范。因此,工作人员应按要求生成原始凭证:

(1) 原始凭证所填列的经济业务内容和数字,必须真实可靠,符合实际情况,不得歪曲经济业务真相,弄虚作假。对实物数量和金额的计算,要准确无误,不得以匡算和估算数填入。

(2) 原始凭证所要求填列的项目必须逐项填列齐全,不得遗漏和省略。

(3) 应当有经办单位负责人或者其授权人员的签名或者盖章;通过业务系统传递数据至会计软件实现集成报账生成自制原始凭证的,在确保业务系统数据规则清晰、自动出具、满足内部审批要求、体现审批环节人员信息且信息传递完整准确的情况下,无需经办单位负责人或者其授权人员的签名或者盖章。对外开出的原始凭证,必须加盖本单位公章或者发票(收费、财务)专用章,或者法律、法规规定的其他签章;从外单位取得的原始凭证,必须盖有填制单位的公章或者发票(收费、财务)专用章,或者法律、法规规定的其他签章;从个人取得的原始凭证,必须有填制人员的签名或者盖章。

(4) 从外单位取得的或对外开出的电子原始凭证应附有符合《中华人民共和国电子签名法》规定的电子签名;不具备电子签名的,工作人员必须通过可信的数据源查验电子原始凭证的真实、完整。

(5) 来源可靠、程序规范、要素合规的电子原始凭证与纸质原始凭证具有同等法律效力,可以直接作为入账依据。以电子原始凭证的纸质打印件作为入账依据的,必须同时保存该纸质打印件的电子原始凭证。

(6) 以取得的境外原始凭证作为入账依据时,应当保证其来源可靠,内容真实、完整;必要时,提供境外公证机构或者注册会计师的确认证明。

(7) 各单位处理和应用电子原始凭证,应当保证电子原始凭证的接收、生成、传输和存储等各环节的安全可靠,能够及时发现对电子原始凭证的任何篡改,能够有效防止电子原始凭证重复入账。

除上述要求外,在生成原始凭证时,工作人员还应遵守以下技术要求:

第一,在金额前要填写人民币符号"￥",人民币符号"￥"与阿拉伯数字之间不得留有空白。金额数字一律填写到角、分,无角、分的,写"00";有角无分的,分位写"0"。

第二,汉字大写金额用汉字壹、贰、叁、肆、伍、陆、柒、捌、玖、拾、佰、仟、万、亿、元、角、分、零、整等,一律用正楷或行书字书写。大写金额前未印有"人民币"字样的,应加写"人民币"三个字,"人民币"字样和大写金额之间不得留有空白。大写金额到元或角为止的,后面要写"整"或"正"字;有分的,不写"整"或"正"字。

第三,凡规定填写大写金额的各种凭证,如银行结算凭证、发票等,必须在填写小写金额的同时也填写大写金额。大写金额之前没有印制货币名称的,应当增加填写货币名称,货币名称与货币金额数字之间不得留有空白。阿拉伯金额数字之间有"0"时,汉字大写金额要写"零"字;阿拉伯数字金额中间连续有几个"0"时,汉字大写金额中可以只写一个"零"字;阿拉伯金额数字元位是"0",或者数字之间连续有几个"0"、元位也是"0",但角位不是"0"时,汉字大写金额可以只写一个"零"字,也可以不写"零"字。

(8) 原始凭证编号要连续。如果原始凭证已预先印定编号,需要作废时,应加盖"作废"戳记,妥善保管,不得撕毁。

(9) 原始凭证不得涂改、刮擦、挖补。取得的原始凭证有错误的,应当由出具单位重开或更正,更正处应当加盖出具单位印章。原始凭证金额填写有错误的,应当由出具单位重开,不得在原始凭证上更正。

(10) 各种原始凭证要及时生成,并按规定的程序及时送交会计机构、会计人员进行审核。

二、常用原始凭证的填制和生成

(一)支票的填制和生成

1. 支票使用要点

(1) 适用范围:支票通常适用于单位和个人在同一票据交换区域的各种款项结算,转账支票在同一票据交换区域内可以背书转让。

(2) 提示付款期:支票的持票人自出票日起 10 日内提示付款,超过提示付款期限提示付款的,持票人开户银行不予受理,付款人不予付款。

(3) 支票的种类:共有四种支票,分别是现金支票、转账支票、普通支票及划线支票,常用的为现金支票和转账支票。

(4) 支票登记簿:各种支票使用时均应设置支票登记簿,样式如表1-1所示。

表1-1　　　　　　　　　　　　支票登记簿

支　票　号	日　　期	签　　名

注:作废支票也要在登记簿中登记,并在签名栏内注明作废。

2. 现金及转账支票票样

(1) 现金支票票样,如图1-1和图1-2所示。

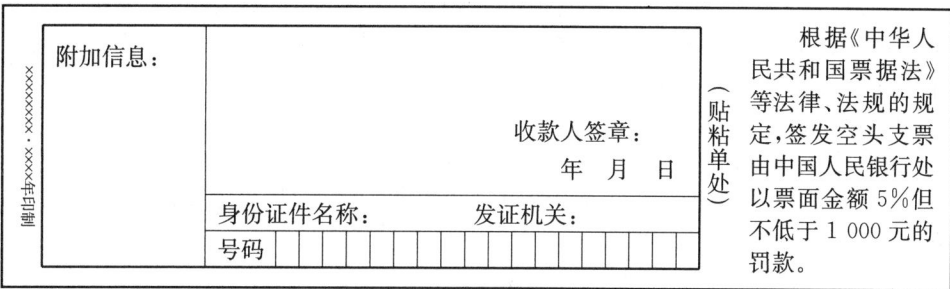

图 1-1 现金支票正面

图 1-2 现金支票背面

(2) 转账支票票样,如图 1-3 和图 1-4 所示。

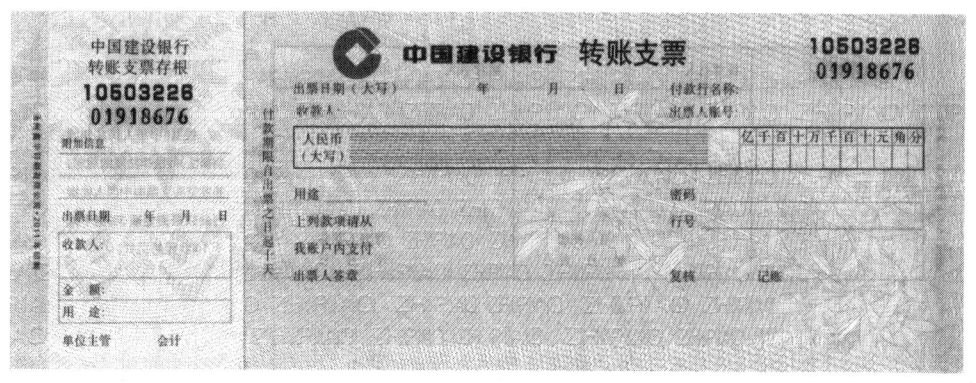

图 1-3 转账支票正面

图 1-4 转账支票背面

3. 签发支票

1) 签发要求

(1) 应使用碳素墨水或墨汁填写支票。

(2) 禁止签发空头支票,不得签发与其预留银行签章不符的支票;使用支付密码的,出票人不得签发支付密码错误的支票。

(3) "出票日期"应为大写,小写无效。规则是月份为1、2和10的前加"零",分别写为零壹月、零贰月和零壹拾月,日为1～9、10、20、30的前加"零",如1日为零壹日,20日为零贰拾日、30日为零叁拾日,日为11～19的前加"壹",如11日写成壹拾壹日,以此类推。

(4) 大写金额与"人民币"字样之间不得留有空白,小写金额前应加"￥"。

(5) "收款人""出票日期"和"金额"不得更改,更改则支票无效,发生错误时只能作废重开,作废支票的存根和正本部分应一并保存。

(6) "付款行名称"应填写本支票对应的开户银行名称,"出票人账号"应填写本支票对应的开户银行账号。为了防止填写不清楚等情况的发生,此部分内容由出售支票的银行在出售时打印好交给客户,不需要支票使用方自行填写。

(7) "用途"根据实际用途填写。

(8) 密码应根据支付密码器生成的密码填写。

(9) 出票人签章一般应使用两枚预留银行的签章,通常一枚是单位的财务专用章,另一枚是单位法定代表人的个人名章。

注:签发支票时可以手工填写,也可以由会计数字化平台中支票打印功能打印,目前的会计数字化平台一般都具有此功能。

2) 签发实例

(1) 企业基本资料:企业名称为南京江城股份有限公司,企业为增值税一般纳税人。企业税号为913201000007655331,地址为南京中山路873号,联系电话为23645433,支付密码为3213-3565-0989-6573,开户银行为中国建设银行鼓楼支行,账号为32490987222,银行预留印鉴为企业财务专用章及法定代表人的个人名章,企业法定代表人为张国金。

(2) 签发现金支票。假定企业于2024年6月8日提取现金3 000元备用,则企业应签发现金支票,如图1-5和图1-6所示。

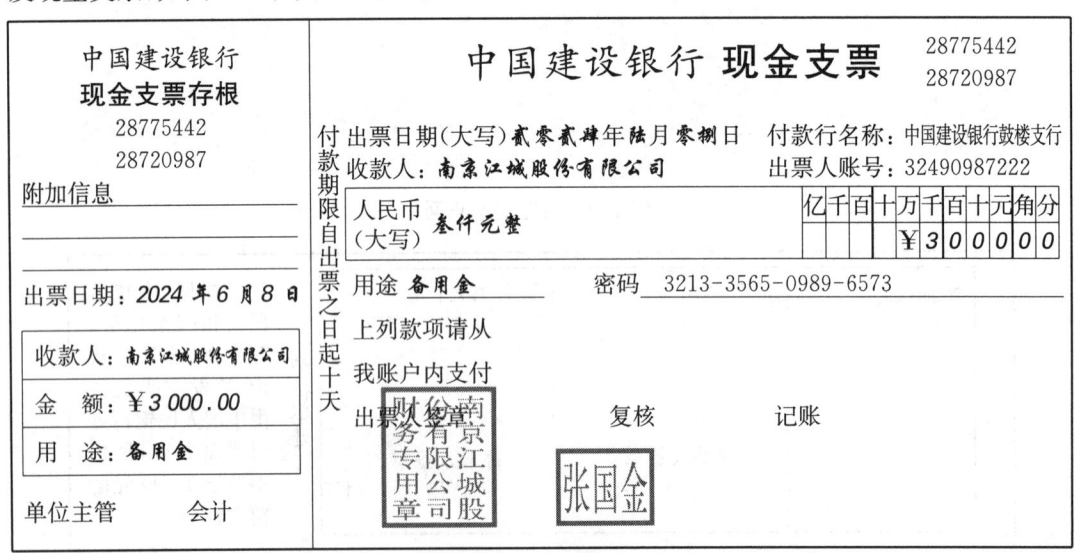

图 1-5 现金支票正面

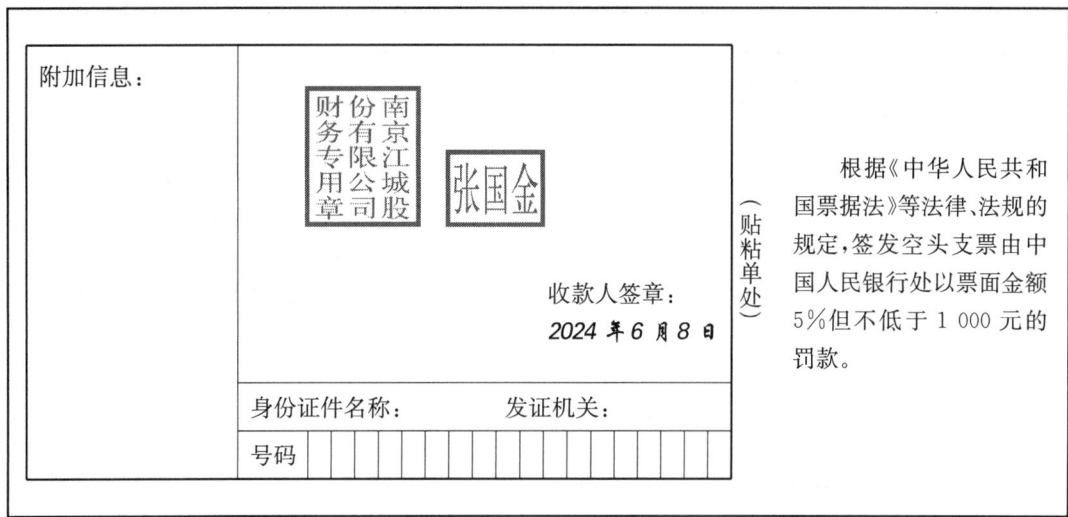

图 1-6　现金支票背面

注：① 如果收款人是本单位,则支票背面收款人签章处一定要加盖银行预留印鉴;如果收款人是其他单位或个人则不用加盖。
② 该支票使用单位会计数字化平台支票打印功能打印。

(3) 签发转账支票。假定企业于 2024 年 6 月 12 日从南京红程股份有限公司购入材料一批,取得的增值税专用发票上注明金额为 300 000 元,税额为 39 000 元,企业以转账支票方式支付货款,则应签发转账支票,如图 1-7 和图 1-8 所示(支付密码 6219-4765-0219-6879)。

4. 收到支票

1) 收到现金支票

单位收到现金支票后,应直接在背面收款人签章处加盖本单位的银行预留印鉴,并持票到出票人开户银行提取现金。持票人首次办理提现手续则需要在付款银行进行实名认证。

图 1-7　转账支票正面

附加信息：	被背书人：	被背书人：
	背书人签章： 年　月　日	背书人签章： 年　月　日

××××××××·××××年印制

（贴粘单处）

根据《中华人民共和国票据法》等法律、法规的规定，签发空头支票由中国人民银行处以票面金额5%但不低于1 000元的罚款。

图 1-8　转账支票背面

注：只有单位在不同商业银行之间划转款项且采用顺解程序（在收款人对应的开户银行进账）时，支票背面的背书人签章处才需要加盖本单位银行预留印鉴。

2）收到转账支票

（1）收到转账支票后，如由本单位进账，则需要填制进账单，具体流程见“（二）进账单的填制和生成”。

（2）收到转账支票后，如背书转让给其他单位，则应在转账支票背面背书人签章处加盖本公司银行预留印鉴，在被背书人处填写接受本转账支票的单位或个人名称，并提交给被背书人。

3）填制实例

南京红程股份有限公司于2024年6月12日向南京江城股份有限公司销售产品一批，开出的增值税专用发票上注明金额为300 000元，税额为39 000元，收到转账支票（图1-9和图1-10），并于6月12日背书给江宁钢材股份有限公司，用于偿还前欠的货款。

中国建设银行 **转账支票**　32175442　28720098

出票日期（大写）贰零贰肆年陆月壹拾贰日　　付款行名称：中国建设银行鼓楼支行

收款人：南京红程股份有限公司　　出票人账号：32490987222

人民币（大写）	亿	千	百	十	万	千	百	十	元	角	分
叁拾叁万玖仟元整			¥	3	3	9	0	0	0	0	0

用途：货款　　密码 6219-4765-0219-6879

上列款项请从　　行号

我账户内支付

出票人签章　　复核　　记账

南京江城股份有限公司财务专用章　　张国金

图 1-9　转账支票正本正面

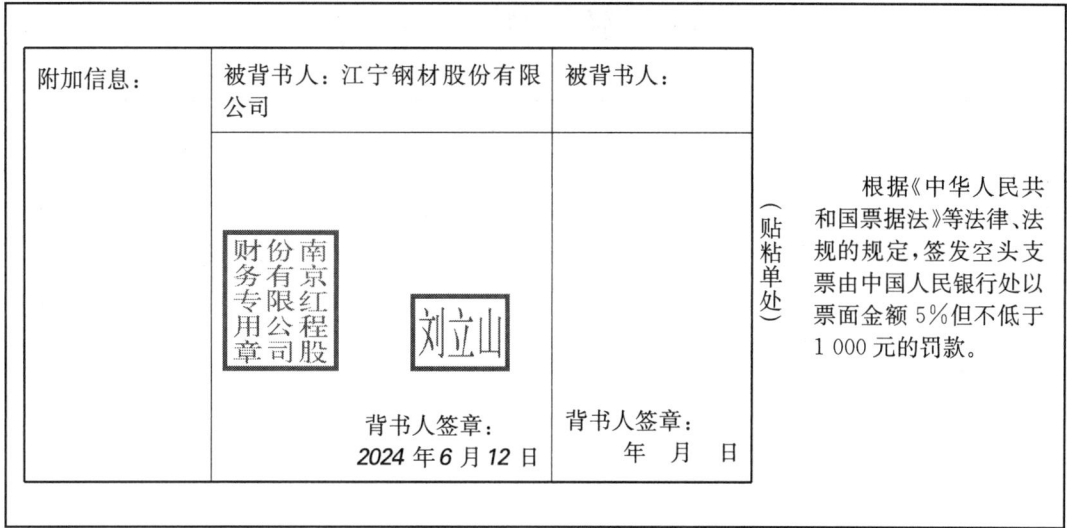

图 1-10 转账支票正本背面

注：如果因多次背书转让需要使用粘贴单的，则在贴粘单处的连接处加盖骑缝章，并确保骑缝章清晰可见，否则该粘单上记录的背书无效。

（二）进账单的填制和生成

1. 进账单使用要点

（1）适用范围：进账单通常在单位收到支票、银行本票、银行汇票等票据后，办理进账手续。

（2）联次：进账单一式三联，第一联为开户银行交给持（出）票人的回单，第二联为收款人开户行贷方凭证，第三联为收款人开户银行交给收款人的收账通知。

2. 进账单通用样式

进账单通用样式，如图1-11至图1-13所示。

进 账 单（回 单）1

年 月 日

出票人	全 称		收款人	全 称		此联是开户银行交给持（出）票人的回单
	账 号			账 号		
	开户银行			开户银行		
金额	人民币（大写）		亿 千 百 十 万 千 百 十 元 角 分			
票据种类		票据张数				
票据号码						
复核		记账		开户银行签章		

图 1-11 进账单（回单）1

进 账 单（贷方凭证）2

年　月　日

出票人	全称		收款人	全称		收款人开户行作贷方凭证
	账号			账号		
	开户银行			开户银行		
金额	人民币（大写）		亿 千 百 十 万 千 百 十 元 角 分			
票据种类		票据张数				
票据号码						
复核　　　　　记账			开户银行签章			

图 1-12　进账单(贷方凭证)2

进 账 单（收款通知）3

年　月　日

出票人	全称		收款人	全称		收款人开户银行交给收款人的收账通知
	账号			账号		
	开户银行			开户银行		
金额	人民币（大写）		亿 千 百 十 万 千 百 十 元 角 分			
票据种类		票据张数				
票据号码						
复核　　　　　记账			开户银行签章			

图 1-13　进账单(收款通知)3

3. 填制进账单

1) 填制说明

(1) 日期为填制进账单当日。

(2) "出票人"信息应根据收到的票据上注明的出票人或申请人信息填写。

(3) "收款人"信息应根据收到的票据或本单位实际情况填写。

(4) "金额"应根据收到的票据上注明的金额填写。

(5) "票据种类"应根据实际收到的票据类别(如支票、银行汇票和银行本票等)填写。

(6) "票据张数"和"票据号码"应根据收到的票据上注明的号码及实际张数填写。

注：中国建设银行采用线上和线下结合的业务办理模式，会计人员可以在手机 App 上填写进账单（样式与纸质样式一样），也可以在大厅的柜员机上填写进账单，然后，银行工作人员根据线上预填的单号在银行系统中完成交易工作，并生成银行电子回单交予经办人员。因此，手工填写进账单的情况越来越少。

2）填制实例

南京红程股份有限公司 2024 年 6 月 12 日向南京江城股份有限公司销售产品收到转账支票一张（图 1-14 和图 1-15），并采用顺解程序在其开户银行中国银行股份有限公司南京分行办理了进账手续，收款账号为 21399870113。

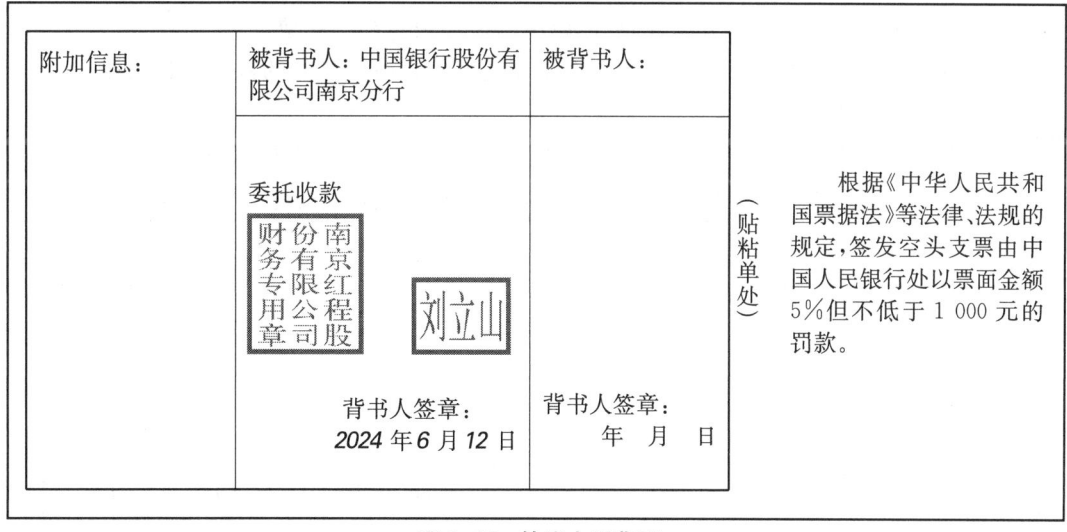

图 1-14 转账支票正本正面

图 1-15 转账支票背面

注：如果上述转账支票采用倒解程序办理进账手续，即在付款人开户行办理进账手续时，转账支票背面不需写明"委托收款"字样，也不需要加盖银行预留印鉴，被背书人处也不用填写。

（1）收到转账支票后，应在其背面背书人签章处写明"委托收款"字样，并加盖本公司银行预留印鉴，在被背书人处填写进账银行的名称。

（2）根据上述转账支票在 6 月 12 日办理进账手续时，应填制进账单，如图 1-16 所示。

进 账 单（回 单）1

2024 年 6 月 12 日

出票人	全称	南京江城股份有限公司	收款人	全称	南京红程股份有限公司
	账号	32490987222		账号	21399870113
	开户银行	中国建设银行鼓楼支行		开户银行	中国银行股份有限公司南京分行

金额	人民币（大写）	叁拾叁万玖仟元整	亿	千	百	十	万	千	百	十	元	角	分
						¥	3	3	9	0	0	0	0

票据种类	支票	票据张数	1张	
票据号码	转 3217544228720098			
复核		记账		开户银行签章

此联是开户银行交给持（出）票人的回单

图 1-16　进账单（回单）1

注：① 所有联次填写内容一致，用复写纸套写。
　　② 开户银行签章处由办理进账手续的银行加盖印章。

（三）银行汇（本）票申请书的填制和生成

1. 银行汇（本）票申请书使用要点

(1) 适用范围：银行汇（本）票申请书于单位向银行申请签发银行汇（本）票时使用。

(2) 联次：银行汇（本）票申请书一式三联，第一联为银行记账凭证，第二联为代理签发行记账凭证，第三联为客户回单。

(3) 当收款人与申请人均为个人时，可以申请现金银行汇（本）票。

(4) 银行汇（本）票申请书中所填金额不得超过申请人所用账号的银行存款余额。

2. 银行汇（本）票申请书样式

银行汇（本）票申请书样式（以中国建设银行为例），如图 1-17 至图 1-19 所示。

中国建设银行　银行汇（本）票申请书　00386548

币别：		年　月　日		流水号：
业务类型	□ 银行汇票　□ 银行本票	付款方式	□ 转账　□ 现金	
申请人		收款人		
账号		账号		
用途		代理付款行		

金额	（大写）	亿	千	百	十	万	千	百	十	元	角	分

客户签章

第一联　银行记账凭证

图 1-17　银行汇（本）票申请书

中国建设银行　银行汇(本)票申请书　00386548

币别：			年　月　日		流水号：
业务类型	□银行汇票　□银行本票		付款方式	□转账	□现金
申请人			收款人		
账号			账号		
用途			代理付款行		
金额	(大写)		亿 千 百 十 万 千 百 十 元 角 分		
客户签章					

第二联　代理签发行记账凭证

图 1-18　银行汇(本)票申请书

中国建设银行　银行汇(本)票申请书　00386548

币别：			年　月　日		流水号：
业务类型	□银行汇票　□银行本票		付款方式	□转账	□现金
申请人			收款人		
账号			账号		
用途			代理付款行		
金额	(大写)		亿 千 百 十 万 千 百 十 元 角 分		
客户签章					

第三联　客户回单

图 1-19　银行汇(本)票申请书

3. 填制银行汇(本)票申请书

1) 填制说明

(1) "币别"按申请结算币种填写。

(2) 日期按填制该申请书的日期填写。

(3) "业务类型"应根据申请的结算方式并在相应的方框内打"√"。

(4) 填写"付款方式"时,除申请人和收款人同为个人而在现金前的方框内打"√"外,其余均在转账前的方框内打"√"。

(5)"申请人"及"账号"应填写申请人名称及银行账号。

(6)"收款人"及"账号"应填写收款人名称及银行账号。

(7)"用途"应根据实际用途填写。

(8)"金额"应根据申请支付金额填写。

(9)"客户签章"处应加盖申请人银行预留印鉴。

(10)小写金额下方空行中填写支付密码。

特别说明:银行汇(本)票申请书也可以通过会计数字化平台打印功能打印。

2)填制实例

企业基本资料:企业名称为南京东方股份有限公司,公司法定代表人为涂海蔚,开户银行为中国建设银行鼓楼支行,账号为32490980982,银行预留印鉴为企业财务专用章及法定代表人的个人名章(支付密码为3209-0231-5408-7675)。

企业于2024年6月12日从河南吉达股份有限公司购入材料一批,取得的增值税专用发票上注明的金额为400 000元,税额为52 000元,企业采用银行汇票结算方式支付货款。河南吉达股份有限公司开户银行为中国建设银行河南分行,账号为21097656511。企业于6月12日向开户银行申请银行汇票时,填制银行汇(本)票申请书,如图1-20所示。

中国建设银行　银行汇(本)票申请书　00386548

币别:人民币　　　2024年6月12日　　　流水号:098776622

业务类型	☑ 银行汇票　□ 银行本票	付款方式	☑ 转账　　□ 现金
申请人	南京东方股份有限公司	收款人	河南吉达股份有限公司
账号	32490980982	账号	21097656511
用途	货款	代理付款行	

金额	人民币(大写)	肆拾伍万贰仟元整	亿	千	百	十万	千	百	十	元	角	分
					¥	4	5	2	0	0	0	0	0

支付密码 3209023154087675

客户签章:南京东方股份有限公司财务专用章　涂海蔚

第一联　银行记账凭证

图1-20　银行汇(本)票申请书

注:所有联次填写内容一致。

（四）银行汇票的填制和生成

1. 银行汇票使用要点

（1）适用范围：同城异地的各种款项结算通常均可采用银行汇票，非现金银行汇票可以背书转让。

（2）联次：全国银行汇票共四联，第一联为出票行结清汇票时作汇出汇款借方凭证；第二联为代理付款行付款后作联行往账借方凭证附件；第三联为代理付款行兑付后随报单寄出票行，由出票行作多余款贷方凭证；第四联为出票行结清多余款后交申请人。华东三省一市银行汇票共两联，第一联为出票行结清汇票时作汇出汇款借方凭证，第二联为代理付款行付款后作借方凭证附件。

（3）银行汇票在申请人向银行提交银行汇（本）票申请书后，由银行受理开具。

（4）银行汇票是一种见票即付的票据。

2. 银行汇票票样

（1）全国银行汇票（以中国建设银行银行汇票为例），如图1-21至图1-25所示。

图 1-21　银行汇票（卡片）

| 提示付款期限自出票之日起壹个月 | **中国建设银行** **银 行 汇 票** | 2 | 01097666 33298762 |

出票日期
（大写）

代理付款行：　　行号

收款人：

出票金额　人民币
（大写）

| | 亿 | 千 | 百 | 十 | 万 | 千 | 百 | 十 | 元 | 角 | 分 |

实际结算金额　人民币
（大写）

申请人：_____　　账号：_____

出票行：_____　行号：_____
备注：_____

密押

多余金额

| 亿 | 千 | 百 | 十 | 万 | 千 | 百 | 十 | 元 | 角 | 分 |

见票付款

复核　　　记账

出票行签章

此联代理付款行付款后作联行往账借方凭证附件

图 1-22　银行汇票第二联（正面）

被背书人：　　　　　　　　　　　　被背书人：

背书人签章：　　　　　　　　　　背书人签章：
　年　月　日　　　　　　　　　　　年　月　日

（贴粘单处）

持票人向银行
提示付款签章　　　　身份证件名称
　　　　　　　　　　号　　　码
　　　　　　　　　　发 证 机 关

图 1-23　银行汇票第二联（背面）

| 提示付款期限自出票之日起壹个月 | **中国建设银行**　（解讫通知）　**3** | 01097666　33298762 |

中国建设银行
银　行　汇　票　（解讫通知）　3

提示付款期限自出票之日起壹个月

出票日期
（大写）

代理付款行：　　　行号

收款人：

出票金额　人民币
（大写）

实际结算金额　人民币
（大写）

亿	千	百	十	万	千	百	十	元	角	分

申请人：＿＿＿＿＿＿　　账号：＿＿＿＿＿＿

出票行：＿＿＿＿＿　行号：＿＿＿＿＿
备注：＿＿＿＿＿＿

密押

多余金额

亿	千	百	十	万	千	百	十	元	角	分

复核　　记账

代理付款行签章

复核　　经办

此联代理付款行兑付后随报单寄出票行，由出票行作多余款贷方凭证

图 1-24　银行汇票（解讫通知）3

中国建设银行
银　行　汇　票　（多余款收账通知）　4

提示付款期限自出票之日起壹个月

01097666
33298762

出票日期
（大写）

代理付款行：　　　行号

收款人：

出票金额　人民币
（大写）

实际结算金额　人民币
（大写）

亿	千	百	十	万	千	百	十	元	角	分

申请人：＿＿＿＿＿＿　　账号：＿＿＿＿＿＿

出票行：＿＿＿＿＿　行号：＿＿＿＿＿
备注：＿＿＿＿＿＿

出票行签章

密押

多余金额

亿	千	百	十	万	千	百	十	元	角	分

左列退回多余金额已收入你账户内。

年　月　日　　　　　复核　　记账

此联出票行结清多余款后交申请人

图 1-25　银行汇票（多余款收账通知）4

(2) 华东三省一市银行汇票,如图 1-26 至图 1-28 所示。

| 提示付款期限自出票之日起壹个月 | **华东三省一市**
银 行 汇 票(卡片) | 1 | 01038437
67267831 |

出票日期（大写）　年　月　日

收款人：										
出票金额 人民币（大写）										
实际结算金额 人民币（大写）	亿	千	百	十	万	千	百	十	元	角	分

申请人：_____　账号：_____

出票行：_____　行号：_____

复核　　记账

此联出票行结清汇票时作汇出汇款借方凭证

复核　　经办

图 1-26　华东三省一市银行汇票(卡片)

| 提示付款期限自出票之日起壹个月 | **华东三省一市**
银 行 汇 票 | 2 | 01038437
67267831 |

出票日期（大写）　年　月　日

收款人：										
出票金额 人民币（大写）										
实际结算金额 人民币（大写）	亿	千	百	十	万	千	百	十	元	角	分

申请人：_____　账号：_____

出票行：_____　行号：_____

密押　□□□□□□□□□□

多金余额

亿 千 百 十 万 千 百 十 元 角 分

复核　　记账

此联代理付款行付款后作借方凭证附件

复核　　经办

图 1-27　华东三省一市银行汇票第二联正面

被背书人：	被背书人：
背书人签章： 年 月 日	背书人签章： 年 月 日

（贴粘单处）

持票人向银行
提示付款签章

身份证件名称
号　　　码
发 证 机 关

图1-28　华东三省一市银行汇票第二联背面

3. 取得银行汇票（以全国银行汇票为例）

1）作为付款人向银行申请取得

作为付款人向银行申请取得银行汇票后，应将第二和第三联交给收款人。南京东方股份有限公司2024年6月12日取得的银行汇票，如图1-29至图1-31所示。

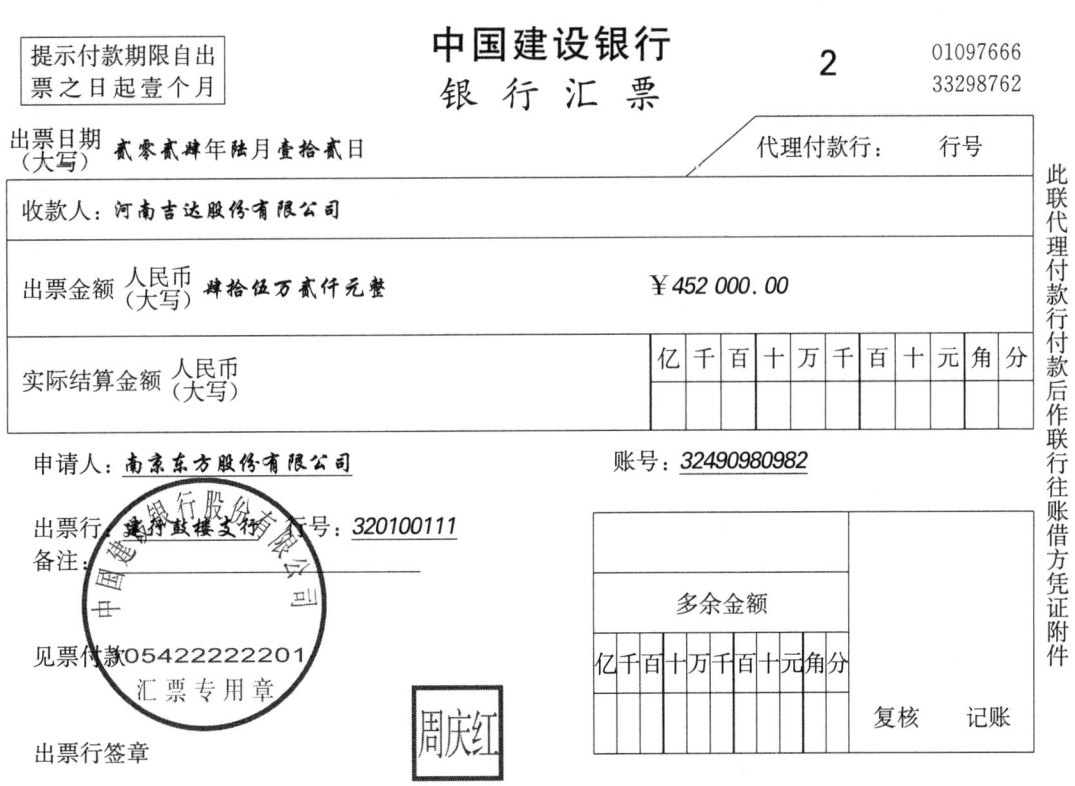

图1-29　银行汇票第二联正面

被背书人：	被背书人：
背书人签章： 年 月 日	背书人签章： 年 月 日

（贴粘单处）

持票人向银行　　　　身份证件名称
提示付款签章　　　　号　　　码
　　　　　　　　　　发 证 机 关

图 1-30　银行汇票第二联背面

中国建设银行
银 行 汇 票

（解讫通知）　3

01097666
33298762

提示付款期限自出票之日起壹个月

出票日期（大写）：贰零贰肆年陆月壹拾贰日

代理付款行：　　行号

收款人：河南吉达股份有限公司

出票金额 人民币（大写）：肆拾伍万贰仟元整　　￥452 000.00

实际结算金额 人民币（大写）：

亿	千	百	十	万	千	百	十	元	角	分

申请人：南京东方股份有限公司　　账号：32490980982

出票行：建行鼓楼支行　行号：320100111
备注：_____

密押

多余金额

亿	千	百	十	万	千	百	十	元	角	分

代理付款行签章

复核　　记账

复核　　经办

此联代理付款行兑付后随报单寄出票行，由出票行作多余款贷方凭证

图 1-31　银行汇票（解讫通知）3

2) 作为收款人从他人处取得

(1) 填制说明：①对收到的银行汇票进行审查。审查的主要内容为收款人是否为本单位、银行汇票是否过期、背书是否连续等。②将审核无误的银行汇票第二和第三联上的实际结算金额与多余金额填写完整。"实际结算金额"的填写应遵循实际结算金额与出票金额孰低原则，如果实际结算金额小于出票金额，则按实际结算金额填写，"多余金额"按差额填写；如果实际结算金额大于出票金额，则按出票金额填写。③如果是本单位办理进账手续，应在银行汇票背面的持票人向银行提示付款签章处加盖银行预留印鉴，同时填制进账单后到本单位开户银行办理进账手续；如果是背书转让给其他单位，则应在银行汇票背面的背书人签章处加盖银行预留印鉴，在被背书人处填写接受该银行汇票人的名称，并将银行汇票第二和第三联交给被背书人。

(2) 填制实例。

第一，本单位办理进账手续。

南京江城股份有限公司于 2024 年 6 月 14 日收到常州红河股份有限公司 2024 年 6 月 12 日申请的用于归还前欠货款的银行汇票 470 000 元后，填写完整的银行汇票，如图 1-32 至图 1-34 所示。

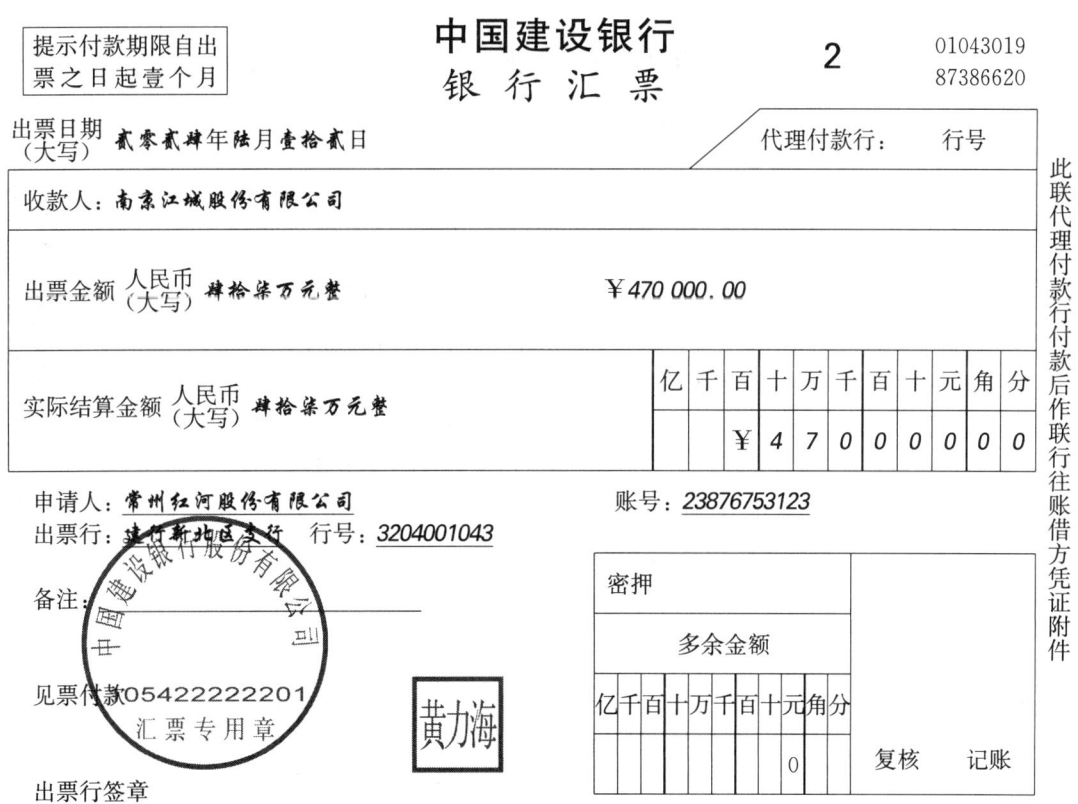

图 1-32　银行汇票第二联正面

被背书人：	被背书人：
背书人签章： 年　月　日	背书人签章： 年　月　日

（贴粘单处）

持票人向银行
提示付款签章　【南京江城股份有限公司财务专用章】　【张国金】

身份证件名称
号　　码
发证机关

图1-33　银行汇票第二联背面

中国建设银行
银 行 汇 票　（解讫通知）　3

提示付款期限自出票之日起壹个月

01043019
87386620

出票日期（大写）：贰零贰肆年陆月壹拾贰日

代理付款行：　　　行号

收款人：南京江城股份有限公司

出票金额 人民币（大写）：肆拾柒万元整　　¥470 000.00

实际结算金额 人民币（大写）：肆拾柒万元整

亿	千	百	十	万	千	百	十	元	角	分
			¥4	7	0	0	0	0	0	0

申请人：常州红河股份有限公司　　账号：23876753123

出票行：建行新北区支行　　行号：3204001043
备注：_____

密押

多余金额

亿	千	百	十	万	千	百	十	元	角	分
										0

复核　　记账

此联代理付款行兑付后随报单寄出票行，由出票行作多余款贷方凭证

代理付款行签章

复核　　经办

图1-34　银行汇票（解讫通知）3

企业填制的进账单，如图1-35所示。

中国建设银行 进账单（回单）1

2024 年 6 月 14 日

申请人	全称	常州红河股份有限公司	收款人	全称	南京江城股份有限公司	
	账号	23876753123		账号	32490987222	
	开户银行	中国建设银行新北区支行		开户银行	中国建设银行鼓楼支行	

金额 人民币（大写）肆拾柒万元整　　　亿千百十万千百十元角分
　　　　　　　　　　　　　　　　　　￥ 4 7 0 0 0 0 0 0

票据种类	银行汇票	票据张数	2 张
票据号码	01014301987386620		

复核　　记账　　　　　　　　开户银行签章：

此联是开户银行交给持（出）票人的回单

注：所有联次填写内容一致。

图 1-35　进账单（回单）1

注：据调研，目前常州市的银行汇票大部分是建筑单位在招投标过程中作为投标保证金使用，因此，收到银行汇票的单位一般不会办理进账手续。

第二，背书转让给其他单位。

南京江城股份有限公司将收到的常州红河股份有限公司的银行汇票（图 1-36 至图 1-38）背书转让给无锡锡城股份有限公司。

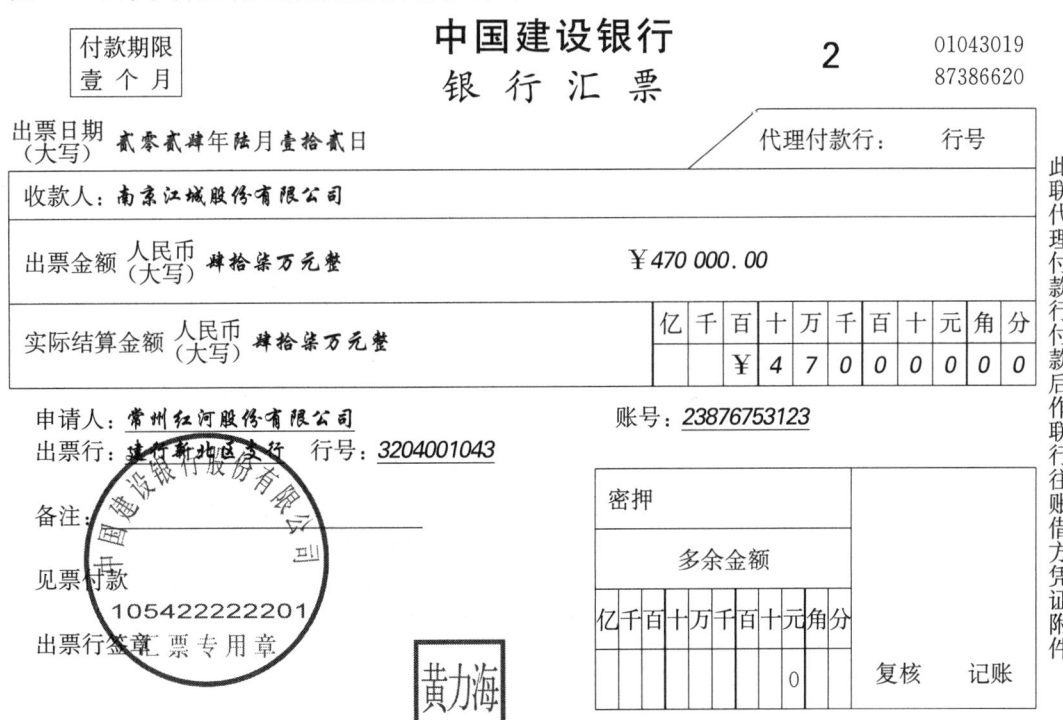

图 1-36　银行汇票第二联正面

被背书人：无锡锡城股份有限公司	被背书人：
[南京江城股份有限公司财务专用章] [张国金]	（贴粘单处）
背书人签章： 2024 年 6 月 14 日	背书人签章： 年 月 日

持票人向银行
提示付款签章

身份证件名称
号　　　码
发 证 机 关

图 1-37　银行汇票第二联背面

中国建设银行 银行汇票（解讫通知）3

01043019
87386620

提示付款期限自出票之日起壹个月		
出票日期（大写）	贰零贰肆年陆月壹拾贰日	代理付款行：　　行号
收款人：	南京江城股份有限公司	
出票金额 人民币（大写）	肆拾柒万元整	￥470 000.00
实际结算金额 人民币（大写）	肆拾柒万元整	亿千百十万千百十元角分 ￥ 4 7 0 0 0 0 0 0
申请人：常州红河股份有限公司		账号：23876753123
出票行：建行新北区支行　行号：3204001043		
备注：_____		

密押

多余金额
亿千百十万千百十元角分
　　　　　　　　　　0

复核　　记账

代理付款行签章

复核　　经办

此联代理付款行兑付后随报单寄出票行，由出票行作多余款贷方凭证

图 1-38　银行汇票（解讫通知）3

（五）银行承兑汇票的填制和生成

1. 银行承兑汇票使用要点

（1）适用范围：银行承兑汇票在银行开户具有真实的交易关系或债权债务关系的同城

或异地单位均可使用。出票人办理电子商业汇票的业务,应具备签约开办对公业务的企业网银等电子服务渠道,并与银行签订《电子商业汇票业务服务协议》。单张出票金额在 100 万元以上的商业汇票原则上应全部通过电子商业汇票系统办理;单张出票金额在 300 万元以上的商业汇票应全部通过电子商业汇票系统办理。① 中国人民银行对商业汇票电子化有占比要求,所以部分银行无论金额大小都只开具电子银行承兑汇票。电子承兑汇票的特点包括:①无假票、克隆票、变造票,无票据遗失;②依托企业网上银行为载体背书转让;③交易成本降低,便捷高效;④电子签名取代实体签章,实现票据信息集中管理。

(2) 期限规定:纸质银行承兑汇票的付款期限,最长不得超过 6 个月;电子银行承兑汇票期限自出票之日至到期日不超过 1 年。银行承兑汇票的提示付款期限,自汇票到期日起 10 日,最后一日遇法定休假日和大额支付系统非营业日顺延。如果是电子银行承兑汇票,除上述情形外,电子商业汇票系统非营业日也顺延。

(3) 银行承兑汇票的联次:纸质银行承兑汇票共三联,第一联为承兑行留存备查到期支付票款时作借方凭证附件,第二联为收款人开户行随托收凭证寄付款方作借方凭证附件,第三联为出票人存查。电子银行承兑汇票只有一联。

2. 银行承兑汇票票样

(1) 纸质银行承兑汇票票样。纸质银行承兑汇票票样,如图 1-39 至图 1-42 所示。

图 1-39 银行承兑汇票(卡片)1

---

① 电子商业汇票是指出票人依托上海票据交易所电子商业汇票系统(以下简称电子商业汇票系统),以数据电文形式制作的,委托付款人在指定日期无条件支付确定的金额给收款人或者持票人的票据。电子银行承兑汇票由银行业金融机构、财务公司承兑;电子商业承兑汇票由金融机构以外的法人或其他组织承兑。

银行承兑汇票　2　　03488100 06752333

出票日期（大写）　年　月　日

出票人全称		收款人	全　称											
出票人账号			账　号											
付款行全称			开户行											
出 票 金 额	人民币（大写）			亿	千	百	十	万	千	百	十	元	角	分
汇票到期日（大写）		付款行	行号											
承兑协议编号			地址											
本汇票请你行承兑，到期无条件付款。 出票人签章 年　月　日	本汇票已经承兑，到期日由本行付款。 承兑行签章 承兑日期　年　月　日 备注：		复核　记账											

此联收款人开户行随托收凭证寄付款方作借方凭证附件

图 1-40　银行承兑汇票第二联正面

被背书人：	被背书人：	被背书人：
背书人签章： 年　月　日	背书人签章： 年　月　日	背书人签章： 年　月　日

（贴粘单处）

图 1-41　银行承兑汇票第二联背面

银行承兑汇票（存根）　3　　03488100 06752333

出票日期（大写）　年　月　日

出票人全称		收款人	全　称											
出票人账号			账　号											
付款行全称			开户行											
出 票 金 额	人民币（大写）			亿	千	百	十	万	千	百	十	元	角	分
汇票到期日（大写）		付款行	行号											
承兑协议编号			地址											
	备注：		复核　记账											

此联是出票人存查

图 1-42　银行承兑汇票（存根）3

（2）电子银行承兑汇票票样。电子银行承兑汇票票样，如图 1-43 至图 1-44 所示。

显示日期：

电子银行承兑汇票

出 票 日 期　　　　　　　　　　　　　　　　票据状态
汇票到期日　　　　　　　　　　　　　　　　票据号码

出票人	全　　称		收款人	全　　称	
	账　　号			账　　号	
	开户银行			开户银行	
出票保证信息	保证人名称：	保证人地址：		保证日期：	
票据金额	人民币（大写）			十亿千百十万千百十元角分	
承兑人信息	全　　称		开户行行号		
	账　　号		开户行名称		
交易合同号			承兑信息	出票人承诺：本汇票请予以承兑，到期无条件付款	
能否转让				承兑人承兑：本汇票已经承兑，到期无条件付款	
				承兑日期	
承兑保证信息	保证人名称：	保证人地址：		保证日期：	
评级信息（由出票人、承兑人自己记载，仅供参考）	出票人	评级主体：	信用等级：	评级到期日：	
	承兑人	评级主体：	信用等级：	评级到期日：	

图 1-43　电子银行承兑汇票正面

注：在银行网银系统中，如果有出票保证信息和承兑保证信息就会显示在票据正面，如果没有，则不显示。

显示日期：

电子银行承兑汇票

票据号码

转让背书	
背书人名称	
被背书人名称	
不得转让标记	
背书日期	
保证	
被保证人名称	
保证人名称	
保证人地址	
保证日期	
质押背书	
出质人名称	
质权人名称	
出质日期	
质押解除日期	

图 1-44　电子银行承兑汇票背面

注：本书仅展示转让背书、保证和质押背书等形式的电子银行承兑汇票背面票样。其他形式包括买断式贴现背书、回购式贴现背书、回购式贴现赎回背书、买断式转贴现背书、回购式转贴现背书、回购式转贴现赎回背书、买断式再贴现背书、回购式再贴现背书、回购式再贴现赎回背书、央行卖出商业汇票、提示付款、追索清偿和再追索清偿，此处不一一展示。

3. 电子商业汇票系统的签约

企业要想使用中国建设银行电子商业汇票系统，需要开通电子商业汇票系统，其办理条件和流程如下所述。

1) 办理条件

(1) 在中国建设银行开立单位活期结算账户。

(2) 开通高级版企业网上银行服务。

(3) 与中国建设银行签订并提交《电子商业汇票相关服务协议与申请书》。

2) 开通流程

(1) 准备必要资料在柜面申请：企业需要准备含有统一社会信用代码的营业执照，以及经办人的有效身份证件。如果是由法定代表人或单位负责人直接办理的，还需提供其身份证件；若授权他人办理，则需提供授权书及其身份证件，以及被授权人的身份证件。

(2) 签订服务协议：客户需与开户机构签订《电子商业汇票业务服务协议》，并填写《中国建设银行电子商业汇票业务申请书》。

(3) 审核资料：开户银行的客户经理负责审核企业提交的资料，确保其真实、完整和合规。柜面人员则负责审核企业户名、账号和账户状态等信息。

(4) 开通电子银行承兑汇票业务：审核通过后，开户银行与企业签订《服务协议》，并在《业务申请书》上加盖开户业务用公章。之后，企业需在网银端进行签约，设置短信通知号码，并设置商业汇票流程。

(5) 设置票据业务流程：企业主管登录网上银行，点击"商业汇票"——"签约管理"，对已签约电子商业汇票业务账户进行确认。然后，通过"管理设置"——"票据流程设置"增加流程，选择操作员设置票据业务流程。具体操作为：在"服务管理"——"流程管理"——"自定义流程"中选择业务类型为"电子商业汇票"，点击"下一步"按钮，输入主管交易密码，点击"增加流程"，设置类型选择为"按功能设置"（也可根据企业需要设置"按功能＋账号设置"或"按功能＋账号＋金额设置"），在"请选择流程类型"下选择"个性化流程"，并勾选全部电票功能（也可根据企业需要自行选择），点击一个制单员从左边框"添加"到右边框，之后点击"选定制单员"，用相同的方法设置复核员，复核员可以是一级也可以是二级。

(6) 申请开通电子票据功能：企业客户若需签收或操作新票据（票号首位5、6开头），可在企业网银中签约新一代票据系统（2022年11月4日票交所启用）。主管登录企业网银，点击"票据业务"——"电子商业汇票"——"签约管理"——"新系统"——"票据承诺函签署"，选择需要签署协议的公司，完成承诺函签署。

(7) 系统自动报备：系统自动报备成功后，若需签收其他单位发出的新票据，制单员点击"票据业务"——"电子商业汇票"——"应答"——"申请"，选择"银行承兑汇票/商业承兑汇票/财务公司承兑汇票"，电票系统选择"新系统"，页面自动显示所需签收的新电票，选择票据后点击"签收",之后按照流程复核。

4. 签发银行承兑汇票

1) 签发流程

(1) 出票人与承兑银行签订承兑协议。如果是申请签发电子银行承兑汇票,则每次签发前都需要去银行网点柜台签订银行承兑汇票出票协议,由客户经理在系统中生成协议编号。

(2) 出票人支付保证金。目前,保证金有三种方式:第一种是全额保证金,第二种是差额保证金,第三种是全额信用担保。第三种方式需要满足承兑银行规定的条件,承兑银行才会采用。

(3) 出票人填制银行承兑汇票并提交承兑银行。一般来说,纸质银行承兑汇票由承兑银行打印;电子银行承兑汇票通过网银系统中的电子商业汇票业务模块签发。其具体操作步骤如下:第一步,制单员点击"票据业务"——"电子商业汇票"——"出票"选择"银行承兑汇票",点击"出票申请",勾选协议编号进行出票,选择"新系统",按照票据流程进行复核(有一级复核和二级复核),出票成功后票据状态为"提示承兑待签收";第二步,企业开户行客户经理在中国建设银行系统进行承兑操作后,票据状态变为"承兑已签收";第三步,制单员登录企业网银通过"票据业务"——"电子商业汇票"——"出票"——"交票/退票"进行交票,按照票据流程进行复核,交票成功后票据状态为"已承兑—已锁定",等待收款人签收票据。

(4) 纸质银行承兑汇票由承兑银行承兑,并将银行承兑汇票返还给出票人。电子银行承兑汇票按上述三步操作即可。

2) 签发要求

(1) 纸质银行承兑汇票的签发要求包括:①银行承兑汇票到期日为企业约定的付款期满的当日。②其他要求同支票的签发要求。

(2) 电子银行承兑汇票的签发要求包括:①制单员点击"商业汇票"——"出票"按钮,选择银行承兑汇票,在银行承兑汇票协议信息列表中选择一份协议,点击下一步。(填写时的业务规则为:承兑行行号和保证人名称、开户行行号以及收款人开户行行号由后端系统自动匹配,不需企业填写)。②制单员若要修改出票日期和到期日,可勾选修改出票日期,对出票日期进行修改,但必须按照业务规则进行修改(修改时的业务规则为:在出票日期前可修改,但出票日后不可修改,在出票日前提交视同预约出票,发送电票系统存档,在出票日电票系统进行承兑,但在银行处理前,企业可查询预约出票信息,并进行出票预约撤销,重新提交出票申请。票据到期日不需填写,按照以下规则自动反显:已修改的出票日期+期限的自然天数或自然月,若自然月无对应日期,则取当月最后一天。同一协议下的出票日期一致)。③收款人账号必须为网银签约账户,否则后端系统将不返回非网银签约账户的票据信息。④制单员若发现出票信息有误,可点击重签协议,输入修改协议原因,直接提交银行处理,不需复核。⑤复核员点击"商业汇票"——"出票"按钮,选择银行承兑汇票,在出票申请待复核单据列表中选择单据进行复核,选择复核通过的,最后一级复核员进行数字证书认证后提交银行;选择复核不通过的,单据自动删除。

3）纸质银行承兑汇票填制实例

南京江城股份有限公司于2024年6月1日与镇江海堂股份有限公司签订了购入甲材料一批的合同,合同编号为202406001,2024年6月15日取得的增值税专用发票上注明的金额为80 000元,税额为10 400元。企业签发3个月期银行承兑汇票支付货款。镇江海堂股份有限公司的开户银行为中国建设银行股份有限公司镇江分行,账号为23652222133。企业应填制银行承兑汇票,如图1-45所示。

银行承兑汇票（卡片） 1

03488100
87643311

出票日期（大写）：贰零贰肆年陆月壹拾伍日

出票人全称	南京江城股份有限公司	收款人	全称	镇江海堂股份有限公司
出票人账号	32490987222		账号	23652222133
付款行全称	中国建设银行鼓楼支行		开户行	中国建设银行镇江分行
出票金额	人民币（大写）玖万零肆佰元整	亿千百十万千百十元角分 ￥ 9 0 4 0 0 0 0		
汇票到期日（大写）	贰零贰肆年玖月壹拾伍日	付款行	行号	092772
承兑协议编号	NJ009111		地址	南京市鼓楼

本汇票请你行承兑,此项汇票款我单位按承兑协议于到期日前足额交存你行,到期请予以支付。

财务专用章 南京江城股份有限公司

出票人签章：张国金
2024年6月15日

备注： 复核 记账

此联承兑行留存备查到期支付票款时作借方凭证附件

图1-45 银行承兑汇票（卡片）1

注：① 第一、第二联填写内容一致,第三联除不用加盖银行预留印鉴外,其他的与第一和第二联一致,用复写纸套写。
② 银行承兑汇票第二联承兑行签章处由承兑银行加盖印鉴。

4）电子银行承兑汇票的出票

制单员登录电子商业汇票系统,点击"票据业务"——"电子商业汇票"——"出票"选择"银行承兑汇票",点击"出票申请",勾选协议编号进行出票,按照票据流程进行复核,出票成功后票据状态为"已出票—已锁定"。①企业开户行客户经理在中国建设银行系统进行承兑操作后,票据状态变为"提示承兑待签收"。②制单员登录企业网银通过"票据业务"——"电子商业汇票"——"出票"——"交票/退票"进行交票,按照票据流程进行复核,交票成功后票据状态为"已承兑—已锁定",等待收款人签收票据。出票后承兑的票据,如图1-46所示。

电子银行承兑汇票

电子商业汇票系统
Electronic Commercial Draft System

出票日期 2024-06-15　　　　　　　　　　票据状态：已承兑—已锁定
汇票到期日 2024-09-15　　　　　　　　　票据号码：110542160600520240615005206705

出票人	全称	南京江城股份有限公司	收款人	全称	镇江海棠股份有限公司
	账号	32490987222		账号	23652222133
	开户银行	中国建设银行鼓楼支行		开户银行	中国建设银行镇江分行

票据金额	人民币（大写）	玖万零肆佰元整	十亿 千 百 十万 千 百 十 元 角 分 ￥ 9 0 4 0 0 0 0

承兑人信息	全称	中国建设银行鼓楼支行	开户行行号	092772
	账号	0	开户行名称	中国建设银行鼓楼支行

交易合同号	202406001	承兑信息	出票人承诺：本汇票请予以承兑，到期无条件付款
能否转让	可转让		承兑人承兑：本汇票已经承兑，到期无条件付款
			承兑日期：2024-06-15

评级信息（由出票人、承兑人自己记载，仅供参考）	出票人	评级主体：	信用等级：	评级到期日：
	承兑人	评级主体：	信用等级：	评级到期日：

图 1-46　出票并承兑的电子银行承兑汇票

注：制单员只需要在系统中选择"电子银行承兑汇票承兑协议"，票据上的信息都显示出来了，不需要制单员录入，只需要核对就好。

5. 收到银行承兑汇票

1) 收到纸质银行承兑汇票

(1) 收到银行承兑汇票后，应单独存放其第二联的原件，并以其复印件作为借记应收票据的记账依据。

(2) 如持有至到期，则在银行承兑汇票到期之日起 10 日内，收款人应在银行承兑汇票第二联背面的背书人签章处写明"委托收款"字样，并加盖银行预留印鉴；在被背书人处写明收款人开户银行名称后，并填制托收凭证，办理进账手续。

2) 收到电子银行承兑汇票

(1) 收取电子银行承兑汇票：在电子商业汇票系统中收取电子银行承兑汇票。具体操作如下：①接收通知。通常，出票方或背书转让方在交票后，通常会以电子邮件或短信的形式通知收票方。②登录系统接收电子承兑汇票。制单员登录电子商业汇票系统，制单员点击"票据业务"——"电子商业汇票"——"应答"——"申请"，选择"电子承兑汇票"，勾选具体的电票信息签收票据。若系统提示需要复核员操作，就使用复核员登录网银系统进行复核处理。若系统无提示，制单 U 盾操作应答即可。点开并审查电子银行承兑汇票的金额、出票方、承兑方、背书人、到期日、是否允许背书等信息。在确认各项信息都正确的情况下，点击"签收"，否则点击"驳回"。③根据档案管理要求，电子银行承兑汇票可以打印出来作为记账凭证的依据保存，也可以下载保存电子数据，作为会计数字化平台记账凭证的记账依据。

（2）如持有至到期，则在银行承兑汇票到期之日起10日内，收款人在电子商业汇票系统里面办理收款手续——提示付款的工作。具体操作为制单员点击"票据业务"——"电子商业汇票"——"提示付款"——"申请"制单，然后按照票据流程进行复核。

注：建议使用主管网银盾，点击"票据业务"——"电子商业汇票"——"提示付款"——"自动提示付款设置"，开通提示付款自动发起，后续不需要手工进行提示付款制单和复核。自动提示付款设置操作，如图1-47所示。

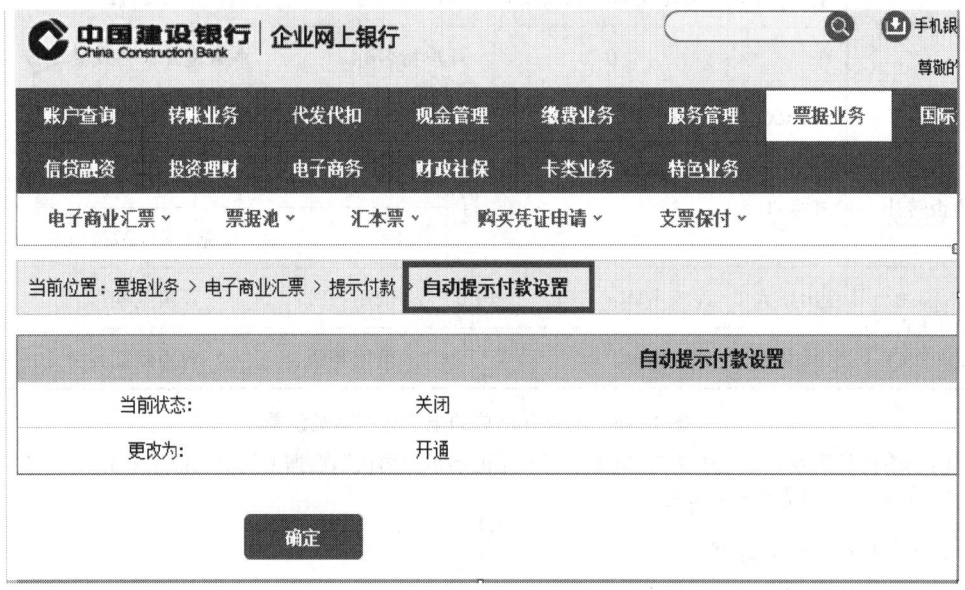

图1-47 自动提示付款设置

6. 在持有期间背书转让

1）纸质银行承兑汇票在持有期间背书转让

背书转让时，收款人应在银行承兑汇票背面的背书人签章处加盖本单位银行预留印鉴，同时，在被背书人处填写接受该票据单位的名称。

2）电子银行承兑汇票在持有期间背书转让

（1）制单员登录电子商业汇票，点击"票据业务"——"电子商业汇票"——"背书"——"申请"制单，选择需要转让的电子银行承兑汇票，点击"下一步"，输入被背书人的信息，包括全称、账号、开户行（需要选择到最底级）、能否转让。其中，开户行和能否转让通过选择输入。核对相关信息没问题点"确定"。流转到复核岗位。

（2）复核岗位按照票据流程进行复核。

背书转让操作，如图1-48和图1-49所示。

图 1-48 背书转让操作 1

图 1-49 背书转让操作 2

注：开户行根据相关信息进行选择。

(六)银行托收凭证的填制和生成

1. 银行托收凭证使用要点

(1)适用范围：银行托收凭证于采用委托收款或托收承付结算方式时使用。

(2)联次：托收凭证共五联,第一联为收款人开户银行给收款人的受理回单;第二联为收款人开户银行作贷方凭证;第三联付款人开户银行作借方凭证;第四联为付款人开户行凭以汇款或收款人开户银行作收账通知;第五联为付款人开户银行给付款人按期付款通知。

2. 托收凭证样式

银行托收凭证样式,如图 1-50 至图 1-54 所示。

图 1-50 托收凭证(受理回单)1

图 1-51 托收凭证(贷方凭证)2

托收凭证 (借方凭证) 3

委托日期 年 月 日					付款期限 年 月 日					
业务类型	委托收款(□ 邮划　□ 电划)　托收承付(□ 邮划　□ 电划)									

付款人	全称				收款人	全称				
	账号					账号				
	地址	省 市县	开户行			地址	省 市县	开户行		

| 金额 | 人民币（大写） | | | | | 亿 | 千 | 百 | 十 | 万 | 千 | 百 | 十 | 元 | 角 | 分 |

款项内容		托收凭据名称		附寄单子张数	
商品发运情况		合同名称号码			
备注：		收款人开户银行签章			
收款人开户银行收到日期 年 月 日		年 月 日		复核　记账	

此联付款人开户银行作借方凭证

图 1-52　托收凭证(借方凭证)3

托收凭证 (收款依据或收账通知) 4

委托日期 年 月 日					付款期限 年 月 日					
业务类型	委托收款(□ 邮划　□ 电划)　委托承付(□ 邮划　□ 电划)									

付款人	全称				收款人	全称				
	账号					账号				
	地址	省 市县	开户行			地址	省 市县	开户行		

| 金额 | 人民币（大写） | | | | | 亿 | 千 | 百 | 十 | 万 | 千 | 百 | 十 | 元 | 角 | 分 |

款项内容		托收凭据名称		附寄单子张数	
商品发运情况		合同名称号码			
备注：		上列款项已划回收入你方账户内。			
		收款人开户银行签章 年 月 日			
复核　记账					

此联付款人开户行凭以汇款或收款人开户银行作收账通知

图 1-53　托收凭证(收款依据或收账通知)4

托收凭证（付款通知） 5

		委托日期 年 月 日						付款期限 年 月 日							

业务类型	委托收款(□ 邮划　□ 电划)　托收承付(□ 邮划　□ 电划)												
付款人	全称					收款人	全称						
	账号						账号						
	地址	省	市县	开户行			地址	省	市县	开户行			
金额	人民币（大写）					亿 千 百 十 万 千 百 十 元 角 分							
款项内容			托收凭据名称				附寄单子张数						
商品发运情况						合同名称号码							
备注： 付款人开户银行收到日期 　　　　　年 月 日 复核　　　　　记账			付款人开户银行签章 　　　　　年 月 日			付款人注意： 1. 根据支付结算办法,上列委托收款（托收承付）款项在付款期限内未提出拒付,即视为同意付款,以此代付款通知。 2. 如需提出全部或部分拒付,应在规定期限内,将拒付理由书并附债务证明退交开户银行。							

此联付款人开户银行给付款人按期付款通知

图 1-54　托收凭证(付款通知)5

3. 托收凭证填制说明

1) 填制说明

(1) "业务类型"应根据申请的收款方式填写,并在相应的方框内打"√"。

(2) "委托日期"按填制本单据的日期填写。

(3) "付款人"信息、"收款人"信息及"金额"部分根据银行承兑汇票的信息填写。

(4) "托收凭据名称"为"银行承兑汇票"或托收款项所用的发票等。

(5) 第二联"收款人签章"处应加盖收款人银行预留印鉴。

2) 填制实例

镇江海堂股份有限公司于2024年6月15日向南京江城股份有限公司销售甲产品,2024年9月15日收到到期的银行承兑汇票一张(图1-55和图1-56)。企业于9月16日办理了进账手续,填写的托收凭证如图1-57所示。

银行承兑汇票 2

03488100
87643311

出票日期（大写）　贰零贰肆年陆月壹拾伍日

出票人全称	南京江城股份有限公司	收款人	全　称	镇江海堂股份有限公司
出票人账号	32490987222		账　号	23652222133
付款行全称	中国建设银行鼓楼支行		开户行	中国建设银行镇江分行

出票金额	人民币（大写）	玖万零肆佰元整	亿 千 百 十 万 千 百 十 元 角 分
			￥ 　 　 　 9 0 4 0 0 0 0

汇票到期日（大写）	贰零贰肆年玖月壹拾伍日	付款行	行号	092772
承兑协议编号	NJ009111		地址	南京市鼓楼

本汇票请你行承兑，到期无条件付款	本汇票已经承兑，到期日由本行付款。	
[南京江城股份有限公司财务专用章] [张国金]	[中国建设银行股份有限公司汇票专用章 1053854422] 承兑行签章 承兑日期 2024 年 6 月 15 日	复核　　记账
出票人签章 2024 年 6 月 15 日	备注：	

此联收款人开户行随托收凭证寄付款方作借方凭证附件

图 1-55　银行承兑汇票第二联正面

被背书人：中国建设银行股份有限公司镇江分行	被背书人：	被背书人：
委托收款 [镇江海堂股份有限公司财务专用章] [李立红]		（贴粘单处）
背书人签章： 2024 年 9 月 16 日	背书人签章： 　年　月　日	背书人签章： 　年　月　日

图 1-56　银行承兑汇票第二联反面

托收凭证（受理回单） 1

委托日期 2024 年 9 月 16 日

业务类型		委托收款(□邮划 ☑电划)			委托承付(□邮划 □电划)		
付款人	全称	南京江城股份有限公司		收款人	全称	镇江海棠股份有限公司	
	账号	32490987222			账号	98652222133	
	地址	江苏省 南京市县	开户行 建行鼓楼支行		地址	江苏省 镇江市县	开户行 建行镇江分行
金额	人民币（大写）玖万零肆佰元整			亿千百十万千百十元角分 ¥ 9 0 4 0 0 0 0			
款项内容	银行承兑汇票到期		托收凭据名称	银行承兑汇票		附寄单子张数	一张
商品发运情况				合同名称号码			
备注：		款项收妥日期					
复核 记账		年 月 日		收款人开户银行签章 2024 年 9 月 16 日			

此联作收款人开户银行给收款人的受理回单

图 1-57 托收凭证（受理回单）1

注：所有联次填写内容一致，用复写纸套写，第二联需要加盖预留银行印鉴。

（七）电汇凭证的填制与生成

1. 电汇凭证使用要点

（1）适用范围：异地各种款项的结算均可采用电汇凭证。

（2）联次：电汇凭证一式两联，第一联为银行记账凭证，第二联为客户回单。

2. 电汇凭证样式

电汇凭证样式，如图 1-58 和图 1-59 所示。

中国建设银行 电汇凭证

01657648

币别： 年 月 日 流水号：

汇款方式		□普通 □加急				
汇款人	全称		收款人	全称		
	账号			账号		
	汇出地点	省 市/县		汇入地点	省 市/县	
汇出行名称			汇入行名称			
金额	（大写）		亿千百十万千百十元角分			
			支付密码			
			附加信息及用途：			
			此汇款支付给收款人。			
			客户签章			

第一联 银行记账凭证

会计主管　　　　授权　　　　复核　　　　录入

图 1-58 电汇凭证第一联

中国建设银行　电汇凭证

01657648

币别：　　　　　　　　　　　　年　　月　　日　　　　　　流水号：

汇款人	汇款方式	□普通　　□加急	收款人		
	全　称			全　称	
	账　号			账　号	
	汇出地点	省　　市/县		汇入地点	省　　市/县
	汇出行名称			汇入行名称	
金额	人民币（大写）		亿千百十万千百十元角分		
		支付密码			
		附加信息及用途：			
		客户签章			

会计主管　　　　授权　　　　复核　　　　录入

第二联　客户回单

图 1-59　电汇凭证第二联

3. 填制实例

南京江城股份有限公司于 2024 年 6 月 15 日采用电汇方式预付货款 70 000 元给苏州杨浦股份有限公司，苏州杨浦股份有限公司开户银行为中国农业银行股份有限公司苏州分行，账号为 43645422221。企业填制电汇凭证，如图 1-60 所示。

中国建设银行　电汇凭证

01657648

币别：人民币　　　　　　　2024 年 6 月 15 日　　　　　　流水号：

汇款人	汇款方式	☑普通　　□加急	收款人		
	全　称	南京江城股份有限公司		全　称	苏州杨浦股份有限公司
	账　号	32490987222		账　号	43645422221
	汇出地点	江苏省　南京市/县		汇入地点	江苏省　苏州市/县
	汇出行名称	中国建设银行鼓楼支行		汇入行名称	中国农业银行苏州分行
金额	人民币（大写）柒万元整		亿千百十万千百十元角分　¥7 0 0 0 0 0 0		
		支付密码　3212-7605-1243-1120			
		附加信息及用途：预付款 此汇款支付给收款人。		张国金	
		客户签章			

会计主管　　　　授权　　　　复核　　　　录入

第一联　银行记账凭证

图 1-60　电汇凭证

注：所有联次填写内容一致，用复写纸套写。

(八)现金解款单的填制与生成

1. 现金解款单使用要点

(1) 适用范围:现金解款单在企业将收到的现金交存银行时使用。

(2) 联次:现金解款单一式二联,第一联为银行记账凭证,第二联为客户回单。

2. 现金解款单样式

现金解款单样式(以中国建设银行格式为例),如图1-61和图1-62所示。

中国建设银行　现金解款单

币别：　　　　　　　　　　年　月　日　　　　　　　　流水号：

单位填写	收款单位		交款人											第一联 银行记账凭证
	账　号		款项来源											
	金额(大写)			亿	千	百	十	万	千	百	十	元	角	分
银行确认栏														

主管：　　　　授权：　　　　复核：　　　　经办：

图1-61　现金解款单第一联

中国建设银行　现金解款单

币别：　　　　　　　　　　年　月　日　　　　　　　　流水号：

单位填写	收款单位		交款人											第二联 客户回单
	账　号		款项来源											
	金额(大写)			亿	千	百	十	万	千	百	十	元	角	分
银行确认栏														

主管：　　　　授权：　　　　复核：　　　　经办：

图1-62　现金解款单第二联

3. 填制现金解款单

1）填制说明

（1）"日期"按将现金交存银行当天日期填写。

（2）"币别"按企业实际解款的币种填写。

（3）"收款单位"和"交款人"均填写本单位。

（4）"账号"按企业根据需要选择的账号填写。

（5）"款项来源"按取得现金的实际来源填写。

（6）金额按实际解款的金额填写。

注：目前，中小企业仍是使用现金的"主力军"，特别是餐饮、公共交通和零售业。根据中国人民银行的数据，2024年上半年，投放20元及以下面额现金809亿元，同比增长30%。这说明现金使用量还是较高的。

2）填制实例

南京江城股份有限公司于2024年6月23日将材料销售给个人，收到的现金人民币3 000元存入银行。出纳李林填制现金解款单，如图1-63所示。

中国建设银行　现金解款单

币别：人民币　　　　2024年6月23日　　　　流水号：

单位填写	收款单位	南京江城股份有限公司	交款人	南京江城股份有限公司	亿	千	百	十	万	千	百	十	元	角	分
	账　号	32490987222	款项来源	材料销售											
	金额（大写）叁仟元整									¥	3	0	0	0	0	0
银行确认栏															

主管：　　　　授权：　　　　复核：　　　　经办：

第一联　银行记账凭证

图1-63　现金解款单第一联

注：所有联次填写内容一致。

（九）收料单的填制与生成

1. 收料单使用要点

（1）适用范围：收料单于企业将原材料（含周转材料）入库时使用。

（2）联次：收料单一式三联，第一联为存根联，第二联为记账联，第三联为交货人留存。使用会计数字化平台的企业中，收料单仅一联，样式由企业自制，基本内容包括材料编号、名称、单位、规格、应收数量、实收数量、编号、交料人等信息，编号由系统自动生成。使用会计数字化平台的收料单由采购部门通知仓库收料后系统自动流转生成。

2. 收料单样式

（1）非会计数字化平台用收料单。非会计数字化平台用收料单样式，如表1-2至表1-4所示。

表 1-2

收 料 单

供应单位：　　　　　　　　　　　　年 月 日　　　　　　　　　　　编号：*23001*

材料编号	名 称	单 位	规 格	数 量		实 际 成 本			
				应收	实收	单价	发票价格	运杂费	合 计
备 注：									

第一联　存根联

收料人：　　　　　　　　　　　　　　　　　　　交料人：

表 1-3

收 料 单

供应单位：　　　　　　　　　　　　年 月 日　　　　　　　　　　　编号：*23001*

材料编号	名 称	单 位	规 格	数 量		实 际 成 本			
				应收	实收	单价	发票价格	运杂费	合 计
备 注：									

第二联　记账联

收料人：　　　　　　　　　　　　　　　　　　　交料人：

表 1-4

收 料 单

供应单位：　　　　　　　　　　　　年 月 日　　　　　　　　　　　编号：*23001*

材料编号	名 称	单 位	规 格	数 量		实 际 成 本			
				应收	实收	单价	发票价格	运杂费	合 计
备 注：									

第三联　交料人留存

收料人：　　　　　　　　　　　　　　　　　　　交料人：

（2）会计数字化平台的收料单样式。会计数字化平台收料单样式如表1-5所示。

表 1-5

收 料 单

供应商(编号)名称：　　　　　　　　　年　月　日　　　　　　　　　　编号：23001

行次	材料编号	材料名称	规格型号	单位	出/入库数量	批次	仓库编号	物理仓库地点	采购订单号	质检
备注：										

仓库管理员：　　　　　　　采购(员)组：　　　　　　　　　检验员：

3. 填制收料单

1) 填制说明

(1) 收料单应由仓库管理人员填写。

(2) "材料编号"应根据企业材料目录中的编号填写。

(3) "供应单位""名称""单位""规格"及"应收数量"应根据取得的发票填写并与合同核对。

(4) "实收数量"应根据验收合格入库数量填写，并由收料人及交料人双方签字认可。

(5) 仓库管理人员在填写收料单时不需要填写"实际成本"栏，可以由财务人员在进行账务处理时填写。

(6) 领料单是预先编号的自制原始凭证，如果填写错误，不能撕毁，应注明"作废"字样，连同其他联次一起保存。

注：本说明也适用于其他有预先编号的自制原始凭证。

2) 填制实例

南京江城股份有限公司于2024年6月8日从苏州东方明珠有限公司购入甲材料一批，取得的增值税专用发票注明的数量为3 000件，金额为90 000元，增值税额为11 700元。所填收料单，如表1-6所示(材料编号101001)。

表 1-6

收 料 单

供应单位：苏州东方明珠有限公司　　　2024年6月8日　　　　　　编号：23001

材料编号	名 称	单 位	规 格	数 量		实 际 成 本				第一联 存根联
				应收	实收	单价	发票价格	运杂费	合 计	
101001	甲	件		3 000	3 000					
备 注：										

收料人：王小贤　　　　　　　　　　　　交料人：周姚海

注：① 所有联次填写内容一致，用复写纸套写。

② 如果填写错误，不能撕毁，应写上"作废"字样，连同存根联一并保存。

（十）领料单的填制与生成

1. 领料单使用要点

（1）适用范围：领料单于企业领用原材料、周转材料时使用。

（2）联次：领料单一般一式三联，第一联为存根联，第二联为领料人留存，第三联为记账联。使用会计数字化平台的企业中，领料单是由领料部门发出领料申请仓库发料后，根据领料申请单流转生成。

2. 领料单样式

（1）非会计数字化平台领料单。非会计数字化平台领料单样式，如表1-7至表1-9所示。

表1-7

领 料 单

领用部门：
用途：　　　　　　　　　　　　年　月　日　　　　　　　　编号：*46001*

材料编号	名称	规格	计量单位	请领数量	实发数量	备注

第一联　存根联

领料人：　　　　　　　　　　　　　　　发料人：

表1-8

领 料 单

领用部门：
用途：　　　　　　　　　　　　年　月　日　　　　　　　　编号：*46001*

材料编号	名称	规格	计量单位	请领数量	实发数量	备注

第二联　领料人留存联

领料人：　　　　　　　　　　　　　　　发料人：

表1-9

领 料 单

领用部门：
用途：　　　　　　　　　　　　年　月　日　　　　　　　　编号：*46001*

材料编号	名称	规格	计量单位	请领数量	实发数量	备注

第三联　记账联

领料人：　　　　　　　　　　　　　　　发料人：

(2) 会计数字化平台的领料单样式。会计数字化平台领料单样式如表1-10所示。

表 1-10

领 料 单

供应商(编号)名称：　　　　　　　　　　年 月 日　　　　　　　　　　编号：**46001**

行次	材料编号	材料名称	规格型号	单位	出/入库数量	批次	仓库编号	物理仓库地点	采购订单号	质检
备注：										

仓库管理员：　　　　　　采购(员)组：　　　　　　　　　　检验员：

3. 填制领料单

1) 填写说明

(1) 领料单一般应由领料人填写。

(2) "领用部门"根据实际领料的部门填写。

(3) "用途"根据实际用途填写。

(4) "实发数量"根据仓库实际发放的数量填写,并由领料人及发料人双方签字认可。

2) 填制实例

南京江城股份有限公司一车间职工张红于2024年6月15日从仓库领用甲材料2 000件用于生产A产品,仓库管理人员周单填制的领料单如表1-11所示(材料编号101001)。

表 1-11

领 料 单

领用部门：*一车间*
用途：*生产A产品*　　　　　　2024 年 6 月 15 日　　　　　　编号：**46001**

材料编号	名称	规格	计量单位	请领数量	实发数量	备注	
101001	*甲材料*		*件*	*2 000*	*2 000*		第一联 存根联

领料人：*张 红*　　　　　　　　　　　　发料人：*周 单*

注：所有联次填写内容一致,用复写纸套写。

(十一)发料汇总表的填制与生成

1. 发料汇总表使用要点

(1) 适用范围:发料汇总表于企业发出材料成本采用月末汇总核算时使用。

(2) 联次:只需要一联,由财务部门根据领料单汇总。

2. 发料汇总表样式

发料汇总表样式,如表1-12所示。

表1-12

发料汇总表

年 月 日

用 途	材料名称						金额合计
	数量	金额	数量	金额	数量	金额	
合 计							

编制人：　　　　　　　　　　　　　　　　　审核人：

3. 发料汇总表的填制与生成

（1）仓库人员根据领料单存根联的用途、名称分别汇总填制"用途""名称"和"数量"栏。使用会计数字化平台的企业,系统可以自动生成发料汇总表。

（2）"金额"及"金额合计"栏由会计人员填写。

（3）"编制人"由填制本表的仓库人员及会计人员签章,"审核人"由仓库及财务部门负责审核的人员签章。

（十二）借款单的填制与生成

1. 借款单使用要点

（1）适用范围:借款单于企业职工向企业借款时使用。

（2）联次:借款单一般一式三联,第一联为付款联(付款人记账);第二联为结算联(结算后记账);第三联为回执联(结算后交借款人留存)。使用数字化平台的企业,借款单由系统根据借款申请自动生成。

2. 借款单样式

借款单样式,如图1-64至图1-66所示。

借 款 单

年 月 日　　　　　No 32010011

借款人：	所属部门：
借款用途：	
借款数额：人民币（大写）　　　_____	
部门负责人审批：	借款人（签章）：
财务部门审核：	
单位负责人批示：	签字：
核销记录：	

第一联　付款联（付款人记账）

图 1-64　借款单第一联

借 款 单

年 月 日　　　　　No 32010011

借款人：	所属部门：
借款用途：	
借款数额：人民币（大写）　　　_____	
部门负责人审批：	借款人（签章）：
财务部门审核：	
单位负责人批示：	签字：
核销记录：	

第二联　结算联（结算后记账）

图 1-65　借款单第二联

借 款 单

年 月 日　　　　　No 32010011

借款人：	所属部门：
借款用途：	
借款数额：人民币（大写）　　　_____	
部门负责人审批：	借款人（签章）：
财务部门审核：	
单位负责人批示：	签字：
核销记录：	

第三联　回执联（结算后交借款人留存）

图 1-66　借款单第三联

3. 填制借款单

1) 填制说明

(1) "借款人"根据借款人的姓名填写。

(2) "所属部门"根据借款人所在部门填写。

(3) "借款用途"根据实际借款用途填写。

(4) "借款金额"根据实际借款金额分别填写大写与小写金额。

(5) "部门负责人审批"由借款人所在部门的负责人填写。

(6) "借款人(签章)"由借款人签字。

(7) "财务部门审核"由财务部门负责人审核后签字。

(8) "单位负责人批示及签字"由单位负责人签署是否同意的意见后签字。

(9) "核销记录"由财务人员在结清借款时根据实际情况填写。

2) 填制实例

南京江城股份有限公司一车间职工张林、金海心、李涛和周旺才因提供售后服务出差,于2024年6月15日由张林向财务部门借款6 000元。一车间负责人为黄立高,单位财务负责人为蒋一明,单位负责人为张国军。填制借款单,如图1-67所示。

借 款 单

2024 年 6 月 15 日　　　　　　　　　　　　　　　　　No 32010011

借款人：张林	所属部门：一车间
借款用途：提供售后服务	
借款数额：人民币(大写) 陆仟元整	￥6 000.00
部门负责人审批：黄立高　2024.6.15	借款人(签章)：张林　2024.6.15
财务部门审核：蒋一明　2024.6.15	
单位负责人批示：同意	签字：张国军　2024.6.15
核销记录：	

第一联　付款联

图 1-67　借款单第一联

注:所有联次填写内容一致,用复写纸套写。

(十三) 差旅费报销单的填制与生成

1. 差旅费报销单使用要点

(1) 适用范围

企业职工出差回来报销差旅费时使用。使用数字化平台的企业,差旅费报销单根据员工提交的报销数据由系统自动生成。

(2) 差旅费报销单通常为一联。

2. 差旅费报销单样式

差旅费报销单样式,如表1-13所示。

表 1-13

差旅费报销单

年 月 日　　　　　　　　　　　附件：　张

姓名				工作部门			出差事由			
日期		地点		车船费			深夜补贴	途中补贴	住勤费			旅馆费	金额合计

日期		地点		车船费			深夜补贴	途中补贴	住勤费			旅馆费	金额合计
起	讫	起	讫	车次或船名	时间	金额			地区	天数	补贴		

报销金额（大写）

补付金额：　　　　　　　　　　退回金额：

领导批准　　　会计主管　　　部门负责人　　　审核　　　报销人

3. 填制差旅费报销单

1）填制说明

（1）"姓名"填列全部的出差人员姓名。

（2）"工作部门"根据出差人员所属部门填写。

（3）"出差事由"根据实际事由填写。

（4）"日期"的起讫应填写出差日和回到单位所在地日。

（5）"车船费金额"根据实际发生数（粘贴在背面的车船费发票合计金额）与单位规定的出差车船费标准孰低原则填写。

（6）"旅馆费"根据实际发生数与单位规定的出差住宿费标准孰低原则填写。

（7）"途中补贴""深夜补贴""住勤费"等根据单位的内部规章制度规定的标准填写。

（8）"金额合计"根据各项报销金额的合计数填写。

（9）只有在预借了差旅费的出差人员报销时，才会出现需要补付现金或退回现金的情况，"补付金额""退回金额"根据实际补付或退回的金额填写。

（10）差旅费报销单由报销人签字后交其所在部门负责人签字，并经会计人员审核签字、会计主管签字后，由单位领导批准。

（11）"附件张数"根据后附车船费票据、住宿票据等张数填写。

2）填制实例

南京江城股份有限公司一车间职工张林、金海心、李涛和周旺才于 2024 年 6 月 15 日出差到浙江义乌提供售后服务，当月 20 日返回，共发生火车往返费用 1 200 元、住宿费发票 3 000 元（住宿费发票显示住宿日期为 15 到 19 日，共 5 天）。企业规定的有关差旅费报销标准为:途中补贴每人每天 50 元,浙江地区住勤费补贴每人每天 80 元,住宿费每人每天 100 元。21 日,张林办理报销手续时,差旅费报销单,如表 1-14 所示。

表 1-14

差旅费报销单

2024 年 6 月 21 日　　　　　　　　　　　　　　　　　　　　　　　附件:9 张

姓名	张林、金海心、李涛、周旺才				工作部门	一车间		出差事由		上门维修产品		
日期		地点		车船费		深夜补贴	途中补贴	住勤费			旅馆费	公交费	金额合计
起	讫	起	讫	车次或船名	时间	金额			地区	天数	补贴			
15	20	常州	义乌	火车		1 200		400	浙江	6	1 920	2 000		5 520.00

报销金额(大写) 伍仟伍佰贰拾元整　　　　　　　　　　　￥5 520.00

补付金额:　　　　退回金额:￥480.00

领导批准 张国军　　会计主管 蒋一明　　部门负责人 黄立高　　审核 杨小林　　报销人 张 林

(十四)收款收据的填制与生成

1. 收款收据使用要点

(1)适用范围:收款收据于企业收取其他单位或个人的款项时使用。

(2)联次:收款收据一式三联,第一联为存根联,第二联为记账联,第三联为付款方记账。使用会计数字化平台的企业,收款收据为一联,收款后由系统自动生成,打印并盖章后交交款人。

2. 收款收据样式

收款收据样式,如图 1-68 至图 1-70 所示。

收 款 收 据　　　　No 0002045

日期:　年　月　日

交款单位 _____	收款方式 _____	第一联 存根联
人民币(大写) _____	￥	
收款事由 _____		

单位盖章	财会主管	记账	出纳	审核	经办

图 1-68　收款收据第一联

收 款 收 据   No 0002045

日期：　年　月　日

交款单位 _____	收款方式 _____	第二联 记账联
人民币(大写) _____	￥ _____	
收款事由 _____	_____	

| 单位盖章 | 财会主管 | 记账 | 出纳 | 审核 | 经办 |

图 1-69　收款收据第二联

收 款 收 据   No 0002045

日期：　年　月　日

交款单位 _____	收款方式 _____	第三联 付款方记账
人民币(大写) _____	￥ _____	
收款事由 _____	_____	

| 单位盖章 | 财会主管 | 记账 | 出纳 | 审核 | 经办 |

图 1-70　收款收据第三联

3. 填制收款收据

1) 填制说明

(1) "日期"根据收款日期填写。

(2) "交款单位"根据交来款项单位或个人的全称填写。

(3) "金额"根据实际收到金额填写。

(4) "收款事由"根据实际收款事由填写。

(5) 相关人员签章处，出纳必须签章。

(6) 如收款方式为现金，在第二联上加盖"现金收讫"章；如收款方式为转账，在第二联上加盖"银行收讫"章。

(7) 在第三联上加盖本单位财务专用章或公章。

2) 填制实例

南京江城股份有限公司财务部门于 2024 年 6 月 21 日收到张林交来的出差多余款项 480 元。出纳李林填制的收据，如图 1-71 所示。

收 款 收 据   No 0002045

日期：2024 年 6 月 21 日

| 交款单位 | 张林 | 收款方式 | 现金 |

人民币(大写) 肆佰捌拾元整　　￥480.00

收款事由　出差回来交回多余的款项

第一联 存根联

| 单位盖章 | 财会主管 | 记账 | 出纳 李林 | 审核 | 经办 |

图 1-71　收款收据第一联

注：① 所有联次填写内容一致，用复写纸套写。
　　② 第二联应加盖现金收讫章
　　③ 第三联单位盖章处，必须加盖收款单位的公章。

(十五)增值税专用发票的填制与生成

1. 增值税专用发票使用要点

(1) 适用范围：增值税专用发票于增值税一般纳税人销售货物或者加工、修理修配劳务(以下简称劳务)，销售服务、无形资产和不动产时使用。自 2020 年 2 月 1 日起，全行业小规模纳税人(其他个人除外)均可以自愿使用增值税发票管理系统自行开具增值税专用发票。选择自行开具增值税专用发票的小规模纳税人，税务机关不再为其代开。

(2) 目前，增值税专用发票可以通过全面数字化电子发票服务平台和传统税控盘方式开具。增值税专用发票有以下几类：

第一类，纸质发票。它有三联和六联(本书以三联为例)：第一联为销售方记账凭证，不作报销、扣税凭证；第二联为抵扣联，为购买方扣税凭证，不能作为记账凭证的附件，应单独存放；按《中华人民共和国发票管理办法》的规定保管与销毁，第三联发票联，为购买方记账凭证；

第二类，增值税电子专用发票。它只有一联，打印后可作为原始凭证附在记账凭证后。

第三类，电子发票(增值税专用发票)。截至 2023 年 12 月 1 日，各省(区、市)均已在部分纳税人中开展全面数字化的电子发票(以下简称数电票)试点。试点纳税人通过电子发票服务平台开具发票的，受票方范围为全国，并作为受票方接收全国其他数电票试点省(区、市)纳税人开具的数电票。

2. 增值税专用发票票样

(1) 纸质增值税专用发票票样(以江苏省为例)。

纸质增值税专用发票票样，如表 1-15 至表 1-17 所示。

表 1-15

3200098220

江苏增值税专用发票　　NO.09776762

3200098220
09776762

此联不作报销扣税凭证使用

开票日期：　年 月 日

购买方	名　　　称： 纳税人识别号： 地址、电话： 开户行及账号：				密码区			
货物或应税劳务、服务名称	规格型号	单位	数量	单价	金　额	税率	税　额
合　　计							
价税合计(大写)				（小写）			
销售方	名　　　称： 纳税人识别号： 地址、电话： 开户行及账号：				备注			

收款人：　　　　复核：　　　　开票人：　　　　销售方：（章）

第一联　记账联　销售方记账凭证

表 1-16

3200098220

江苏增值税专用发票　　NO.09776762

3200098220
09776762

抵扣联

开票日期：　年 月 日

购买方	名　　　称： 纳税人识别号： 地址、电话： 开户行及账号：				密码区			
货物或应税劳务、服务名称	规格型号	单位	数量	单价	金　额	税率	税　额
合　　计							
价税合计(大写)				（小写）			
销售方	名　　　称： 纳税人识别号： 地址、电话： 开户行及账号：				备注			

收款人：　　　　复核：　　　　开票人：　　　　销售方：（章）

第二联　抵扣联　购买方扣税凭证

表 1-17

3200098220

江苏增值税专用发票　　NO.09776762　3200098220

发　票　联

开票日期：　年 月 日

购买方	名　　称： 纳税人识别号： 地　址、电　话： 开户行及账号：				密码区			
货物或应税劳务、服务名称	规格型号	单位	数量	单价	金　额	税率	税　额
合　　计							
价税合计（大写）				（小写）			
销售方	名　　称： 纳税人识别号： 地　址、电　话： 开户行及账号：				备注			

收款人：　　　　复核：　　　　开票人：　　　　销售方：（章）

第三联　发票联　购买方记账凭证

（2）增值税电子专用发票票样。增值税电子专用发票票样，如表 1-18 所示。

表 1-18

江苏省增值税电子专用发票

发票代码：
发票号码：
开票日期：

机器编号：　　　　　　　　　　　校验码

购买方	名　　称： 纳税人识别号： 地　址、电　话： 开户行及账号：				密码区			
项　　目	规格型号	单位	数量	单价	金　额	税率	税　额
合　　计							
价税合计（大写）				（小写）			
销售方	名　　称： 纳税人识别号： 地　址、电　话： 开户行及账号：				备注			

收款人：　　　　复核：　　　　开票人：

(3) 电子发票(增值税专用发票)票样。电子发票(增值税专用发票)票样,如表 1-19 所示。

表 1-19

电子发票(增值税专用发票)		发票号码: 开票日期:

购买方信息	名称:					销售方信息	名称:			
	统一社会信用代码/纳税人识别号:						统一社会信用代码/纳税人识别号:			
项目名称	规格型号	单位	数量	单价		金额		税率/征收率		税额
合　计										
价税合计(大写)					(小写)					
备注										

开票人:

3. 填制增值税专用发票

1) 填制说明

目前,增值税专用发票应通过电子发票服务平台或税控系统开具,可以开具纸质发票和电子发票。通过电子发票服务平台或税控系统开具发票的,如果选择开具纸质发票,可以打印出纸质增值税专用发票;如果选择开具电子发票,则通过选择邮箱交付、二维码交付或通过下载 PDF 或 OFD 或 XML 方式,将发票交付给受票方。开具增值税专用发票较多的单位,可通过开票机器人自动开具,实现开票自动化。

(1) 增值税专用发票一律由计算机填开,手写发票一律无效。

(2) "销售方/销售方信息"的资料由计算机自动生成。

(3) "购买方/购买方信息"的资料应根据发票开具申请单上的购货信息填开。如果纸质增值税专用发票开错,符合作废条件的可以作废重开,不符合作废条件的应开具红字发票,电子增值税专用发票和电子发票(增值税专用发票)如果发生差错,只能开具红字发票。

(4) 纸质增值税专用发票和电子增值税专用发票的"密码区"由开票系统自动生成,不需要输入。

(5) 发票上的内容必须清晰可见,不得压线,也不得填开到表格外面。

(6) 在纸质增值税发票的第二、第三联上加盖收款单位发票专用章,电子增值税专用发票和电子发票(增值税专用发票)采用电子签章方式。

2) 填制实例(以电子发票平台开具为例)

南京江城股份有限公司于2024年6月28日向南京机械股份有限公司以每件200元的价格销售西装1 000件。商品税务代码简称为"服装",发票开具申请单显示的购货方南京机械股份有限公司的有关资料如下:税号为913201000003R25422,地址为南京江宁路435号,电话为23982221,开户银行为中国银行江宁支行,账号为23009771131。开票人匡小琴登录电子发票平台后找到,"开票业务"——"蓝字发票开具"——"立即开票"——"电子发票/纸质发票"——"专用发票",点击"确定",然后录入信息并核对无误,登录手机"税务"App进行人脸识别,身份通过后,点击"继续开票"就可以完成开票。如果填开纸质增值税专用发票,则可以打印出纸质增值税专用发票,如表1-20所示;如果填开电子发票(增值税专用发票),如表1-21所示。电子发票(增值税专用发票)的交付,选择邮箱交付、二维码交付或通过下载PDF或OFD或XML方式的发票发给受票方即交付。电子发票(增值税专用发票)交付方式界面,如图1-72所示。

表1-20

江苏增值税专用发票　　NO.09776762　3200098220
　　　　　　　　　　　　　　　　　　　　　09776762

3200098220

此联不作报销、扣税凭证使用

开票日期:2024年06月28日

购买方	名　　　称:南京机械股份有限公司 纳税人识别号:913201000003R25422 地　址、电　话:南京江宁路435号　23982221 开户行及账号:中国银行江宁支行　23009771131	密码区	241766<98/198533204+< 63<+64<->876*98< /8765/>+216>2>7/3- +47561<>+782-/5432< 4*-62>>>-8	加密版本:01 3200098220 09776762

货物或应税劳务、服务名称	规格型号	单位	数量	单价	金　额	税率	税　额
*服装*西装		件	1 000	200.00	200 000.00	13%	26 000.00
合　计					¥200 000.00		¥26 000.00

价税合计(大写)	贰拾贰万陆仟元整	(小写)¥226 000.00

销售方	名　　　称:南京江城股份有限公司 纳税人识别号:913201000007655331 地　址、电　话:南京中山路873号　23645433 开户行及账号:建行鼓楼支行　32490987222	备注

收款人:　　　　　复核:　　　　　开票人:匡小琴　　　　销售方:(章)

第一联　记账联　销售方记账凭证

注:① 所有联次填开内容一致。
　　② 第二和第三联上由销售方加盖发票专用章。

表1-21

电子发票(增值税专用发票)				发票号码：24322000000000219821 开票日期：2024年06月28日		
购买方信息	名称：南京机械股份有限公司 统一社会信用代码/纳税人识别号：91320100003R25422			销售方信息	名称：南京江城股份有限公司 统一社会信用代码/纳税人识别号：91320100000765S331	
项目名称	规格型号	单位	数量	单价	金额	税率/征收率	税额
*服装*西装		件	1 000	200.000 000	200 000.00	13%	26 000.00
合 计					¥200 000.00		¥26 000.00
价税合计(大写)	贰拾贰万陆仟元整			(小写)¥226 000.00			
备注							

开票人：匡小蓉

图1-72 电子发票(增值税专用发票)交付方式图

（十六）增值税普通发票的编制与生成

1. 增值税普通发票使用要点

（1）适用范围：增值税普通发票主要为增值税小规模纳税人使用，当增值税一般纳税人承担增值税纳税义务,但不能使用增值税专用发票时也应使用。

（2）目前，增值税普通发票可以通过电子发票平台和税控平台开具,载体可以是纸质发票，也可以是电子发票。纸质增值税普通发票基本联次为两联，第一联记账联，为销售方记账凭证；第二联发票联，为购买方记账凭证。电子发票包括增值税电子普通发票和电子发票（普通发票）。

2. 增值税普通发票票样

（1）纸质增值税普通发票票样（以江苏省为例）。纸质增值税普通发票票样，如表1-22和表1-23所示。

表 1-22

江苏增值税普通发票

NO.23762212 3200087001
23762212

3200087001

记　账　联

开票日期：　年　月　日

购买方	名　　称： 纳税人识别号： 地　址、电　话： 开户行及账号：				密码区			
货物或应税劳务、服务名称	规格型号	单位	数量	单价	金　额	税率	税　额
合　计							
价税合计（大写）					（小写）			
销售方	名　　称： 纳税人识别号： 地　址、电　话： 开户行及账号：				备注			

收款人：　　　　复核：　　　　开票人：　　　　销售方：（章）

第一联　记账联　销售方记账凭证

表 1-23

江苏增值税普通发票

NO.23762212 3200087001
23762212

3200087001

发　票　联

开票日期：　年　月　日

购买方	名　　称： 纳税人识别号： 地　址、电　话： 开户行及账号：				密码区			
货物或应税劳务、服务名称	规格型号	单位	数量	单价	金　额	税率	税　额
合　计							
价税合计（大写）					（小写）			
销售方	名　　称： 纳税人识别号： 地　址、电　话： 开户行及账号：				备注			

收款人：　　　　复核：　　　　开票人：　　　　销售方：（章）

第二联　发票联　购买方记账凭证

（2）增值税电子普通发票票样。通过增值税电子发票系统开具的增值税电子普通发票，如表 1-24 所示；通过增值税电子发票公共服务平台开具的增值税电子普通发票，如表 1-25 所示。

表1-24

江苏增值税电子普通发票

发票联

发票代码：
发票号码：
开票日期：

机器编号：　　　　　　　　　　　　　　　　　校验码：

购买方	名　　称： 纳税人识别号： 地　址、电　话： 开户行及账号：				密码区			
货物或应税劳务、服务名称	规格型号	单位	数量	单价	金　额	税率	税　额
合　　计							
价税合计（大写）				（小写）			
销售方	名　　称： 纳税人识别号： 地　址、电　话： 开户行及账号：				备注			

收款人：　　　　　复核：　　　　　开票人：　　　　　销售方：（章）

表1-25

江苏增值税电子普通发票

发票联

发票代码：
发票号码：
开票日期：

机器编号：　　　　　　　　　　　　　　　　　校验码：

购买方	名　　称： 纳税人识别号： 地　址、电　话： 开户行及账号：				密码区			
货物或应税劳务、服务名称	规格型号	单位	数量	单价	金　额	税率	税　额
合　　计							
价税合计（大写）				（小写）			
销售方	名　　称： 纳税人识别号： 地　址、电　话： 开户行及账号：				备注			

收款人：　　　　　复核：　　　　　开票人：

(3)电子发票(增值税普通发票)票样。电子发票(增值税普通发票)票样,如表 1-26 所示。

表 1-26

购买方信息	名称:				销售方信息	名称:				
	统一社会信用代码/纳税人识别号:					统一社会信用代码/纳税人识别号:				
项目名称	规格型号	单位	数量	单价		金额		税率/征收率		税额
合 计										
价税合计(大写)						(小写)				
备注										

开票人:

3. 填制增值税普通发票

1)填制说明

填制说明同增值税专用发票。

2)填制实例(以电子发票平台开具为例)

企业基本资料:公司名称为南京东章股份有限公司,为小规模纳税人,税号为 91320100000986R985,地址为江宁人民路 32 号,电话为 85499890,开户银行为建行江宁支行,账号为 32977665333。假定企业于 2024 年 6 月 28 日向常州九重天有限公司以每件 3 000 元的价格销售西装 30 件。购货方常州九重天有限公司提供的有关资料如下:税号为 913204000002134876,地址为常州新北区衡山路 234 号,电话为 54987633,开户银行为工行常州新北区支行,账号为 87533983323。开票人王升登录电子发票平台后找到,"开票业务"——"蓝字发票开具"——"立即开票"——"电子发票/纸质发票"——"普通发票",点击"确定",然后录入信息并核对无误,登录手机"税务"App 进行人脸识别,身份通过后,点击"继续开票"就可以完成开票。如果填开的是纸质增值税普通发票,则可以打印出纸质增值税普通发票,如表 1-27 所示;如果是电子发票(增值税普通发票),如表 1-28 所示。开具电子发票(增值税普通发票)的,开票人员在系统中点"确定",然后点击交付,选择邮箱交付、二维码交付或通过下载 PDF 或 OFD 或 XML 方式将发票发给受票方即交付。

表 1-27

江苏省增值税普通发票

NO.23762212

3200087001

记账联

开票日期：2024 年 06 月 28 日

购买方	名　　　称	常州九重天有限公司	密码区	231145＜98/198533204＋＜ 63＜＋64＜－＞876＊98＜ /8765/＞＋816＞2＞7/3－ ＋47561＜＞＋782－/5432＜ 4＊－62＞＞＞2＋	加密版本：01 3200087001 23762212
	纳税人识别号	91320400002134876			
	地址、电话	常州新北区衡山路 234 号　54987633			
	开户行及账号	工行常州新北区支行　87533983323			

第一联 记账联 销售方记账凭证

货物或应税劳务、服务名称	规格型号	单位	数量	单价	金　额	税率	税　额
＊服装＊西装		件	30	3 000.00	90 000.00	1％	900.00
合　　计					￥90 000.00		￥900.00
价税合计（大写）	玖万零玖佰元整				（小写）￥90 900.00		

销售方	名　　　称	南京东章股份有限公司	备注	
	纳税人识别号	913201000000986R985		
	地址、电话	江宁人民路 32 号　85499890		
	开户行及账号	建行江宁支行　32977665333		

收款人：　　　　　复核：　　　　　开票人：王升　　　　销售方：（章）

注：① 所有联次填开内容一致。
　　② 第二联上销售方应加盖发票专用章。

表 1-28

电子发票（增值税普通发票）

发票号码：24320000002373260935
开票日期：2024 年 06 月 28 日

购买方信息	名称：常州九重天有限公司 统一社会信用代码/纳税人识别号：91320400002134876	销售方信息	名称：南京东章股份有限公司 统一社会信用代码/纳税人识别号：913201000000986R985

项目名称	规格型号	单位	数量	单价	金额	税率/征收率	税额
＊服装＊西装		件	30	3 000.000	90 000.00	1％	900.00
合　　计							
价税合计（大写）	玖万零玖佰元整			（小写）￥90 900.00			
备注							

开票人：王升

三、原始凭证的审核

为了如实反映经济业务的发生和完成情况,充分发挥会计的监督职能,保证会计信息的真实性、可靠性和正确性,企业必须对原始凭证进行严格审核。企业在实行数字化的条件下,原始凭证审核可以根据设置的规则进行自动化审核,以提高工资效率。审核时,具体包括以下几个方面。

(一)审核原始凭证的真实性

原始凭证作为会计信息的基本信息源,其真实性对会计信息的质量具有至关重要的影响。真实性审核的内容包括凭证日期是否真实、业务内容是否真实、数据是否真实等。从外单位取得的原始凭证,必须盖有填制单位的公章或者发票(收费、财务)专用章,或者法律、法规规定的其他签章;从个人取得的原始凭证,必须有填制人员的签名或者盖章;应当有经办单位负责人或者其授权人员的签名或者盖章;通过业务系统传递数据至会计软件实现集成报账生成自制原始凭证的,在确保业务系统数据规则清晰、自动出具、满足内部审批要求、体现审批环节人员信息且信息传递完整准确的情况下,无需经办单位负责人或者其授权人员的签名或者盖章。从外单位取得的或对外开出的电子原始凭证应附有符合《中华人民共和国电子签名法》规定的电子签名;不具备电子签名的,必须通过可信的数据源查验电子原始凭证的真实、完整。此外,对通用原始凭证,还应审核凭证本身的真实性,以防假冒或重复报销的情况。

(二)审核原始凭证的合法性

审核原始凭证所记录经济业务是否有违反国家法律法规的情况,规定的凭证传递和审核程序是否履行,是否有贪污腐化等行为。

(三)审核原始凭证的合理性

审核原始凭证所记录经济业务是否符合企业生产经营活动的需要、是否符合有关的计划和预算等。

(四)审核原始凭证的完整性

审核原始凭证各项基本要素是否齐全,是否有漏项情况,日期是否完整,数字是否清晰,有关人员签章是否齐全,凭证联次是否正确等。

(五)审核原始凭证的正确性

审核原始凭证各项金额的计算及填写是否正确,包括:①阿拉伯数字分位填写,不得连写;②小写金额前要标明"￥"字样,中间不能留有空位;③大写金额前要加"人民币"字样,大写金额与小写金额要相符;④凭证中有书写错误的,应采用正确的方法更正,不能采用涂改、刮擦、挖补等不正确方法。

(六)审核原始凭证的及时性

原始凭证的及时性是保证会计信息及时性的基础。为此,我们要求在经济业务发生或完成时应及时填制有关原始凭证,及时进行凭证的传递。审核时,应注意审查凭证的填制日期,尤其是支票等时效性较强的原始凭证,更应仔细验证其签发日期。

经审核的原始凭证应根据不同情况处理:

(1)对于完全符合要求的原始凭证,系统将按照预设的规则生成记账凭证。

(2)对于真实、合法、合理,但内容不够完整、填写有错误的原始凭证,应退回给有关经办人员,由其负责将有关凭证补充完整、更正错误或重开后,再办理正式会计手续。

(3)对于不真实、不合法的原始凭证,会计机构和会计人员有权不予接受,并向单位负责人报告。

第二章　数字化记账凭证

随着数字化会计在企业中的应用越来越广泛,业务与财务实现了深度融合。通过OCR技术、人工智能技术和深度学习模型在会计领域的使用,企业的记账凭证可根据原始凭证直接生成,且可以采集多维度的数据为决策提供更全面、更相关的会计信息。企业对首次发生的经济业务,且会计数字化平台未提供相配套的生成记账凭证模板的,则可以利用机器学习功能,首先由会计人员录入会计凭证,然后通过机器学习功能,将来遇到此类业务时就可以根据原始凭证直接生成记账凭证。对于会计数字化平台自动生成,且具有明晰审核规则的记账凭证,可以将审核规则嵌入会计数字化平台,由系统实现自动审核。

一、记账凭证的生成要求

(1) 记账凭证各项内容必须完整。

(2) 记账凭证应连续编号。记账凭证依据原始凭证和相应的模型规则自动生成,并按设置的规则进行连续编号。如果一笔经济业务生成的记账凭证,在打印时需要打印2张以上纸质记账凭证,应采用分数编号法编号,如$3\frac{1}{3}$,$3\frac{2}{3}$,$3\frac{3}{3}$。

(3) 记账凭证可以根据每一张原始凭证自动生成,或根据若干张同类原始凭证汇总自动生成,也可以根据原始凭证汇总表自动生成,但不得将不同内容和类别的原始凭证汇总生成在一张记账凭证上。

(4) 除结账和更正错误的记账凭证可以不附原始凭证外,其他记账凭证必须附有原始凭证。所附原始凭证必须完整,并在记账凭证上注明原始凭证的张数,以便核对摘要及所编会计分录的正确性。如果一张原始凭证需要填制两张及以上记账凭证的,应在未附原始凭证的记账凭证上注明其原始凭证已附在某张记账凭证后,以便查阅。

(5) 填制记账凭证时若发生错误,直接录入的记账凭证在审核记账前应当直接更正。自动生成的记账凭证发生科目错误,应该检查生成规则是否错误,如果错误则应调整生成规则。已登记入账的记账凭证在当年内发现填写错误时,可以用红字填写与原内容相同的记账凭证,并在摘要栏注明"注销某月某日某号凭证"字样,同时,再用蓝字重新填制正确的记账凭证,注明"订正某月某日某号凭证"字样。发现以前年度记账凭证有错误的,应当用蓝字填制更正的记账凭证。

二、记账凭证的生成方法

在企业采用会计数字化平台的条件下,记账凭证均为通用记账凭证格式,只是在编号时采用通用记账凭证编号或专用记账凭证编号规则。记账凭证由会计数字化平台根据原始凭证自动生成记账凭证,并按预先设置的规则自动编号。

三、记账凭证的生成实例

在实务工作中,在数字化平台条件下,原始凭证通过OCR识别后上传至会计数字化平台,根据设置好的规则,自动生成记账凭证。为了帮助读者理解经济业务的实质,并掌握生成记账凭证的原理,本书仍然对经济业务涉及的原始凭证进行解读。

下面以常州东升有限公司 2024 年 6 月发生的经济业务为例,详细说明原始凭证的解读及记账凭证的生成。

(一)公司基本情况

名称:常州东升有限公司

性质:有限责任公司

地址:常州新北区河海西路 90 号

电话:0519—85333930

注册资本:人民币 50 万元

纳税人识别号:91320400763987654R

法定代表人(董事长):李金峰

主管会计工作负责人(总经理):周海波

会计机构负责人(财务部经理):丁小林

开户银行:

中国建设银行新北区支行　　(人民币户——基本户)　　　2105678081

　　　　　　　　　　　　　(人民币户——保证金专户)　　2755653458

中国银行新北区支行　　　　(人民币户——结算户)　　　2504538733

常州东升有限公司为上市公司常州东林股份有限公司的控股子公司,于 2005 年 12 月 18 日成立。

公司财务部有 4 人,财务部经理丁小林,负责审核及财务会计报表的编制工作;出纳金文新,负责货币资金的收付工作;会计刘洪凯,负责各类记账凭证的生成;会计赵小蕾,负责期末结转业务原始凭证的编制或生成。

公司产品:A 产品和 B 产品

公司主要材料:甲材料和乙材料

5 月 31 日,公司"原材料"和"库存商品"科目的数量资料分别为,甲材料 2 000 千克,乙材料 1 500 千克,A 产品 2 500 件,B 产品 3 500 件。

(二)主要会计政策说明

(1) 公司执行《企业会计准则》体系。

(2) 存货按实际成本核算,材料的共同运费按所购材料的重量分配,单位成本按月末一次加权平均法计算。其中,原材料、库存商品出库单位成本均保留 2 位小数,如有尾差计入结存存货成本;如无结存存货,则结平存货成本。

(3) 产品成本计算采用品种法,设置直接材料、直接人工和制造费用三个成本项目;工资分配采用工时比例法;制造费用按生产工时比例在各种产品之间分配。

(4) 公司适用的增值税税率为 13%。取得的增值税专用发票在税务数字账户中于取得时明确用途,属于可以抵扣的增值税专用发票选择抵扣类勾选,本期和以后各期均不会用于生产经营的增值税专用发票则选择不抵扣类勾选;城市维护建设税税率为 7%,教育附加征收率为 3%,地方教育费附加征收率为 2%。企业所得税税率为 25%,月度按照实际利润额计算预缴企业所得税,截至 2023 年 12 月 31 日,以前各年度应纳税所得额均大于零,本年度 1~5 月各月会计利润总额均大于零,不存在不征税收入、免税收入和减免所得税额,且截至 2024 年 5 月 31 日无欠缴及多缴所得税情况。2022 年企业所得税汇算清缴时为非小型微利企业。

第二章 数字化记账凭证

(5) 公司每月月末按照实际天数计提贷款的利息支出,银行于每月20日收取其发放贷款的利息;公司存款利息按月计算。
(6) 应收款项(应收账款及其他应收款)的坏账准备按年计提,即预期信用损失为企业应收取的合同现金流量与预期收取的现金流量之间差额的现值。本公司基于历史信用损失经验,考虑当前状况以及对未来经济状况的预测,在资产负债表日根据应收款项的账龄与损失率预计坏账准备。本公司应收款项账龄均在1年以内,预计损失率为5%。
(7) 递延所得税按年确认。
(8) 假设月社会保险费、住房公积金缴费基数与月工资应发数一致。
(9) 假设所有销售不考虑退货折让等条件。

(三) 期初资料

会计科目发生额及余额表,如表2-1所示。

表2-1 **会计科目发生额及余额表**

编号	科目名称	1月1日余额		1～5月借方累计发生额	1～5月贷方累计发生额	5月31日余额	
		借贷	金额	金额	金额	借贷	金额
1001	库存现金	借	4 217.04	8 996.12	9 652.11	借	3 561.05
1002	银行存款	借	351 480.05	2 396 045.38	1 620 958.42	借	1 126 567.01
1002.001	银行存款——建行——2105678081	借	298 138.40	2 396 045.38	1 620 958.42	借	1 073 225.36
1002.002	银行存款——中行——250453 8733	借	53 341.65			借	53 341.65
1012	其他货币资金	平		235 200.00		借	235 200.00
1012.001	其他货币资金——银行承兑保证金	平		235 200.00		借	235 200.00
1012.001.01	其他货币资金——银行承兑保证金——建行	平		235 200.00		借	235 200.00
1012.002.01.01	其他货币资金——银行承兑保证金——建行——2755653458						
1121	应收票据	借	10 000.00	330 000.00	180 000.00	借	160 000.00
1121.001	应收票据——徐州安阳有限公司	借	10 000.00	330 000.00	180 000.00	借	160 000.00

(续表)

编号	科目名称	1月1日余额 借贷	1月1日余额 金额	1～5月借方累计发生额 金额	1～5月贷方累计发生额 金额	5月31日余额 借贷	5月31日余额 金额
1122	应收账款	借	726 000.00	547 500.00	20 000.00	借	1 253 500.00
1122.002	应收账款——常州黄河有限公司	借	60 000.00			借	60 000.00
1122.003	应收账款——常州长宏有限公司	借	4 000.00			借	4 000.00
1122.004	应收账款——北京九华有限公司	借	400 000.00	522 500.00		借	922 500.00
1122.005	应收账款——山东鲁宜有限公司	借	262 000.00	25 000.00	20 000.00	借	267 000.00
1123	预付账款	借	101 397.11		31 824.08	借	69 573.03
1123.002	预付账款——汽车保险费	借	2 100.00		1 500.00	借	600.00
1123.003	预付账款——供电公司	借	99 297.11		30 324.08	借	68 973.03
1231	坏账准备	贷	36 300.00			贷	36 300.00
1231.001	坏账准备——应收账款坏账准备	贷	36 300.00			贷	36 300.00
1403	原材料	借	147 712.80	269 484.20	386 148.00	借	31 049.00
1403.001	原材料——甲	借	59 355.80	170 275.00	210 320.00	借	19 310.00
1403.002	原材料——乙	借	88 357.80	99 209.20	175 828.00	借	11 739.00
1405	库存商品	借	255 750.00	1 035 250.00	811 000.00	借	480 000.00
1405.001	库存商品——A	借	203 500.00	754 000.00	635 000.00	借	322 500.00
1405.002	库存商品——B	借	52 250.00	281 250.00	176 000.00	借	157 500.00
1601	固定资产	借	2 115 083.00			借	2 115 083.00
1601.001	固定资产——车间	借	1 655 083.00			借	1 655 083.00
1601.001.01	固定资产——车间——厂房	借	1 000 000.00			借	1 000 000.00

(续表)

编号	科目名称	1月1日余额		1～5月借方累计发生额	1～5月贷方累计发生额	5月31日余额	
		借贷	金额	金额	金额	借贷	金额
1601.001.02	固定资产——车间——设备X	借	200 000.00			借	200 000.00
1601.001.03	固定资产——车间——设备Y	借	150 000.00			借	150 000.00
1601.001.04	固定资产——车间——设备Z	借	250 083.00			借	250 083.00
1601.001.05	固定资产——车间——电脑E	借	15 000.00			借	15 000.00
1601.001.06	固定资产——车间——空调F	借	40 000.00			借	40 000.00
1601.002	固定资产——管理部门——行政楼	借	460 000.00			借	460 000.00
1601.002.01	固定资产——管理部门——行政楼	借	300 000.00			借	300 000.00
1601.002.02	固定资产——管理部门——电脑E	借	15 000.00			借	15 000.00
1601.002.03	固定资产——管理部门——空调G	借	25 000.00			借	25 000.00
1601.002.04	固定资产——管理部门——轿车H	借	120 000.00			借	120 000.00
1602	累计折旧	贷	524 498.25		29 556.54	贷	554 054.79
1811	递延所得税资产	借	9 075.00			借	9 075.00
2201	应付票据	平		235 200.00	235 200.00	贷	235 200.00
2201.011	应付票据——南通达城有限公司	平		235 200.00	235 200.00	贷	235 200.00
2202	应付账款	贷	582 098.71	599 495.83	872 292.93	贷	854 895.81
2202.001	应付账款——常州红山有限公司	贷	29 400.00	15 000.00	35 600.00	贷	50 000.00
2202.002	应付账款——常州宏远有限公司	贷	476 527.24	396 540.22	68 754.92	贷	148 741.94
2202.003	应付账款——苏州泰隆有限公司	贷	76 171.47	187 955.61	767 938.01	贷	656 153.87
2203	合同负债	平			508 500.00	贷	508 500.00

(续表)

编号	科目名称	1月1日余额 借贷	1月1日余额 金额	1~5月借方累计发生额 金额	1~5月贷方累计发生额 金额	5月31日余额 借贷	5月31日余额 金额
2203.001	合同负债——苏州运城有限公司	平			508 500.00	贷	508 500.00
2211	应付职工薪酬	贷	268 650.00	1 351 125.00	1 351 125.00	贷	268 650.00
2211.001	应付职工薪酬——工资	贷	199 000.00	995 000.00	995 000.00	贷	199 000.00
2211.002	应付职工薪酬——社会保险费	贷	16 915.00	84 575.00	84 575.00	贷	16 915.00
2211.002.01	应付职工薪酬——社会保险费——医疗保险	贷	14 925.00	74 625.00	74 625.00	贷	14 925.00
2211.002.02	应付职工薪酬——社会保险费——生育保险	贷	1 592.00	7 960.00	7 960.00	贷	1 592.00
2211.002.03	应付职工薪酬——社会保险费——工伤保险	贷	398.00	1 990.00	1 990.00	贷	398.00
2211.003	应付职工薪酬——设定提存计划——养老保险	贷	32 835.00	164 175.00	164 175.00	贷	32 835.00
2211.003.01	应付职工薪酬——设定提存计划——养老保险	贷	31 840.00	159 200.00	159 200.00	贷	31 840.00
2211.003.02	应付职工薪酬——设定提存计划——失业保险	贷	995.00	4 975.00	4 975.00	贷	995.00
2211.004	应付职工薪酬——住房公积金	贷	19 900.00	99 500.00	99 500.00	贷	19 900.00
2211.005	应付职工薪酬——福利费	平		7 875.00	7 875.00	平	
2221	应交税费	贷	456 185.07	1 028 996.57	864 738.95	贷	291 927.45
2221.001	应交税费——应交增值税	平		323 000.00	323 000.00	平	
2221.001.01	应交税费——应交增值税——进项税额	平		45 812.31		借	45 812.31
2221.001.02	应交税费——应交增值税——转出未交增值税	平		277 187.69		借	277 187.69
2221.001.03	应交税费——应交增值税——销项税额	贷			323 000.00	贷	323 000.00
2221.005	应交税费——应交企业所得税	贷	260 178.34	356 902.52	228 288.74	贷	131 564.56
2221.006	应交税费——应交城市维护建设税	贷	12 212.92	21 630.88	19 403.14	贷	9 985.18
2221.007	应交税费——应交个人所得税	贷	600.00	3 000.00	3 000.00	贷	600.00

第二章 数字化记账凭证

(续表)

编号	科目名称	1月1日余额 借贷	1月1日余额 金额	1~5月借方累计发生额 金额	1~5月贷方累计发生额 金额	5月31日余额 借贷	5月31日余额 金额
2221.008	应交税费——未交增值税	贷	174 470.29	309 012.54	277 187.69	贷	142 645.44
2221.009	应交税费——教育费附加	贷	5 234.11	9 270.38	8 315.63	贷	4 279.36
2221.01	应交税费——应交地方教育费附加	贷	3 489.41	6 180.25	5 543.75	贷	2 852.91
2241	其他应付款	平		203 975.00	203 975.00	平	
2241.001	其他应付款——社会保险费	平		19 900.00	19 900.00	平	
2241.001.01	其他应付款——社会保险费——医疗保险	平		19 900.00	19 900.00	平	
2241.002	其他应付款——设定提存计划	平		84 575.00	84 575.00	平	
2241.002.01	其他应付款——设定提存计划——养老保险	平		79 600.00	79 600.00	平	
2241.002.02	其他应付款——设定提存计划——失业保险	平		4 975.00	4 975.00	平	
2241.003	其他应付款——住房公积金	平		99 500.00	99 500.00	平	
4001	实收资本	贷	500 000.00			贷	500 000.00
4001.001	实收资本——常州东林股份有限公司	贷	350 000.00			贷	350 000.00
4001.002	实收资本——常州东方投资有限公司	贷	150 000.00			贷	150 000.00
4101	盈余公积	贷	304 003.64		19 844.70	贷	323 848.34
4101.001	盈余公积——法定盈余公积	贷	304 003.64		19 844.70	贷	323 848.34
4103	本年利润	平		1 216 133.79	1 901 000.00	贷	684 866.21
4104	利润分配	贷	1 283 300.99			贷	1 283 300.99
4104.001	利润分配——未分配利润	贷	1 283 300.99			贷	1 283 300.99
5001	生产成本	借	234 321.66	858 863.84	1 035 250.00	借	57 935.50
5001.001	生产成本——A	借	177 187.10	586 884.71	754 000.00	借	10 071.81
5001.001.01	生产成本——A——直接材料	借	136 799.61	214 784.48	347 471.98	借	4 112.11
5001.001.02	生产成本——A——直接人工	借	24 185.28	267 750.00	290 418.43	借	1 516.85

（续表）

编号	科目名称	1月1日余额 借贷	1月1日余额 金额	1~5月借方累计发生额 金额	1~5月贷方累计发生额 金额	5月31日余额 借贷	5月31日余额 金额
5001.001.03	生产成本——A——制造费用	借	16 202.21	104 350.23	116 109.59	借	4 442.85
5001.002	生产成本——B	借	57 134.56	271 979.13	281 250.00	借	47 863.69
5001.002.01	生产成本——B——直接材料	借	35 991.44	147 945.72	156 538.21	借	27 398.95
5001.002.02	生产成本——B——直接人工	借	12 408.11	89 250.00	85 021.54	借	16 636.57
5001.002.03	生产成本——B——制造费用	借	8 735.01	34 783.41	39 690.25	借	3 828.17
5101	制造费用	平		139 133.64	139 133.64	平	
5101.001	制造费用——办公费	平		1 398.32	1 398.32	平	
5101.002	制造费用——水费	平		2 730.00	2 730.00	平	
5101.003	制造费用——电费	平		19 306.00	19 306.00	平	
5101.004	制造费用——折旧费	平		20 320.52	20 320.52	平	
5101.005	制造费用——工资	平		50 000.00	50 000.00	平	
5101.006	制造费用——材料费	平		23 417.80	23 417.80	平	
5101.007	制造费用——五险一金	平		21 400.00	21 400.00	平	
5101.008	制造费用——差旅费	平		561.00	561.00	平	
6001	主营业务收入	平		1 900 000.00	1 900 000.00	平	
6001.001	主营业务收入——商品销售收入——A	平		1 500 000.00	1 500 000.00	平	
6001.002	主营业务收入——商品销售收入——B	平		400 000.00	400 000.00	平	
6301	营业外收入	平		1 000.00	1 000.00	平	
6301.001	营业外收入——违约金收入	平		1 000.00	1 000.00	平	
6401	主营业务成本	平		813 300.10	813 300.10	平	
6401.001	主营业务成本——商品销售成本——A	平		635 000.00	635 000.00	平	
6401.002	主营业务成本——商品销售成本——B	平		176 000.10	176 000.10	平	

(续表)

编号	科目名称	1月1日余额		1~5月借方累计发生额	1~5月贷方累计发生额	5月31日余额	
		借贷	金额	金额	金额	借贷	金额
6401.003	主营业务成本——服务成本——B	平		2 300.00	2 300.00	平	
6403	税金及附加	平		31 917.00	31 917.00	平	
6403.001	税金及附加——城市维护建设税	平		18 618.25	18 618.25	平	
6403.002	税金及附加——教育费附加	平		7 979.25	7 979.25	平	
6403.003	税金及附加——地方教育费附加	平		5 319.50	5 319.50	平	
6601	销售费用	平		10 000.00	10 000.00	平	
6601.001	销售费用——广告费	平		10 000.00	10 000.00	平	
6602	管理费用	平		130 052.00	130 052.00	平	
6602.001	管理费用——办公费	平		3 876.92	3 876.92	平	
6602.002	管理费用——差旅费	平		2 820.00	2 820.00	平	
6602.003	管理费用——维修费	平		8 500.00	8 500.00	平	
6602.004	管理费用——水电费	平		15 431.06	15 431.06	平	
6602.005	管理费用——业务招待费	平		2 198.00	2 198.00	平	
6602.006	管理费用——保险费	平		600.00	600.00	平	
6602.007	管理费用——折旧费	平		9 236.02	9 236.02	平	
6602.008	管理费用——工资	平		50 000.00	50 000.00	平	
6602.009	管理费用——五险一金	平		34 240.00	34 240.00	平	
6602.01	管理费用——福利费	平		3 150.00	3 150.00	平	
6603	财务费用	平		75.95	75.95	平	
6603.001	财务费用——工本及手续费	平		75.95	75.95	平	
6711	营业外支出	平		2 500.00	2 500.00	平	
6711.001	营业外支出——违约金支出	平		2 500.00	2 500.00	平	
6801	所得税费用	平		228 288.74	228 288.74	平	

（四）经济业务解读及记账凭证生成

【业务1】（共2张原始凭证，于6月1日取得）

1-1

电子发票(增值税专用发票)

发票号码：24322000000003908621
开票日期：2024年06月01日

下载次数：1

购买方信息	名称：常州宏源有限公司 统一社会信用代码/纳税人识别号：91320400763l984S32					销售方信息	名称：常州东升有限公司 统一社会信用代码/纳税人识别号：91320400763987654R		
项目名称	规格型号	单位	数量	单价	金额		税率/征收率		税额
*商用设备*A		件	1 000	300.000 000	300 000.00		13%		39 000.00
合计					￥300 000.00				￥39 000.00
价税合计(大写)	叁拾叁万玖仟元整			(小写)￥339 000.00					
备注									

开票人：林玉

1-2

中国建设银行进账单

2024年06月01日

出票人	全称	常州宏源有限公司	收款人	全称	常州东升有限公司
	账号	98877675234		账号	2105678081
	开户行	中行常州新北区支行		开户行	建行常州新北区支行
金额	(大写)人民币叁拾叁万玖仟元整			(小写)￥339 000.00	
凭证种类	转账支票		凭证号码	5475765401560345	
结算方式	转账		用途	货款	
			打印柜员：320628736A 打印机构：新北区支行 打印卡号：9553301260105394		

打印时间：2024-06-01　　交易柜员：A01B01000009　　交易机构：320620027

上述原始凭证中：

1-1是电子发票(增值税专用发票)，该发票上"销售方信息"显示销售方是本公司，应作为销售方的记账依据。该原始凭证注明，"销售方信息"显示销售方是本公司，"购买方信息"是常州宏源有限公司，"项目名称"是产品A，这表明本公司销售了产品A给常州宏源有限公

第二章 数字化记账凭证

司。销售产品 A 是本公司的主营业务,因此,进行会计核算时,"金额"应记入"主营业务收入——商品销售收入——A"科目的贷方,"税额"应记入"应交税费——应交增值税——销项税额"科目的贷方。

1-2 是中国建设银行进账单,收款人是本公司,应作为收款人收到款项的记账依据。该原始凭证注明,"收款人"是本公司,"账号"为 2105678081,"付款人"是常州宏源有限公司,这表明本公司收到了常州宏源有限公司的货款。进行会计核算时,应记入"银行存款——建行——2105678081"科目的借方。

因此,该笔业务在会计数字化平台中应生成如下记账凭证。

1-3

记 账 凭 证

记字 1 号　　　　　　2024 年 06 月 01 日　　　　　　附单据张数　2　张

摘　要	会计科目	借方金额	贷方金额
销售产品 A,款收	银行存款——建行——2105678081	339 000.00	
销售产品 A,款收	主营业务收入——商品销售收入——A		300 000.00
销售产品 A,款收	应交税费——应交增值税——销项税额		39 000.00
合计		339 000.00	339 000.00

审核:　　　　　记账:　　　　　出纳:　　　　　　　　制单:刘洪凯

【业务 2】 （共 3 张原始凭证,于 6 月 1 日取得）

2-1

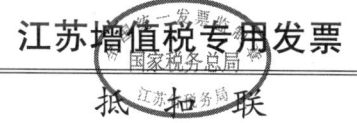

江苏增值税专用发票　NO.51234332

3200098220
51234332

抵　扣　联

开票日期:2024 年 06 月 01 日

购买方	名　　称:常州东升有限公司 纳税人识别号:91320400763987654R 地址、电话:河海西路 90 号　85333930 开户行及账号:建行常州新北区支行　2105678081	密码区	750066＜98/198533204＋＜63＜＋64 ＜—＞876＊98＜/8765/＞＋216＞2 ＞612－＋47561＜＞＋782－/5432＜ 4＊－62＞＞＞01	加密版本:01 3200098220 51234332

货物或应税劳务、服务名称	规格型号	单位	数量	单价	金　额	税率	税　额
＊绘图测量仪器＊计算器		只	10	80.00	800.00	13%	104.00
＊印刷品＊笔记本		本	1	3.74	3.74	13%	0.49
合　　计					¥803.74		¥104.49

价税合计(大写)　玖佰零捌元贰角叁分　　　　　　　　(小写) ¥908.23

销售方	名　　称:常州文化用品有限公司 纳税人识别号:913204001233435675 地址、电话:城中路 79 号　87888826 开户行及账号:建行常州城中分理处　230765472	备注	（常州文化用品有限公司 913204001233435675 发票专用章）

收款人:　　　　　复核:　　　　　开票人:方亚琴　　　　　　销售方:(章)

2-2

江苏增值税专用发票 NO.51234332

发 票 联

开票日期：2024 年 06 月 01 日

购买方	名　　称：常州东升有限公司 纳税人识别号：91320400763987654R 地址、电话：河海西路 90 号　85333930 开户行及账号：建行常州新北区支行　2105678081	密码区	750066＜98/198533204＋＜63＜＋64 ＜—＞876＊98＜/8765/＞＋216＞2 ＞612－＋47561＜＞＋782－/5432＜ 4＊－62＞＞＞01	加密版本：01 3200098220 51234332

货物或应税劳务、服务名称	规格型号	单位	数量	单价	金额	税率	税额
＊绘图测量仪器＊计算器		只	10	80.00	800.00	13%	104.00
＊印刷品＊笔记本		本	1	3.74	3.74	13%	0.49
合　　计					¥803.74		¥104.49

价税合计（大写）	玖佰零捌元贰角叁分	（小写）¥908.23

销售方	名　　称：常州文化用品有限公司 纳税人识别号：913204001233435675 地址、电话：城中路 79 号　87888826 开户行及账号：建行常州城中分理处　230765472	备注	现金付讫

收款人：　　　　复核：　　　　开票人：方亚琴　　　　销售方：（章）

2-3

办公用品领用单

2024 年 6 月 1 日

领用部门	物品名称	数　　量	领用人
办公室	计算器	3 个	周仕会
车　间	计算器	7 个	丁小林
车　间	笔记本	1 本	黄金海
合　计			

发放人：周立　　　　　　　　　　　　　审批人：李映红

上述原始凭证中：

2-1 是江苏增值税专用发票的第二联抵扣联，此联应作为购买方抵扣进项税额的依据。该抵扣联不能作为记账凭证的附件，应单独装订保管，以备税务机关查验。

2-2 是江苏增值税专用发票的第三联发票联，此联应作为购货方的记账依据。该原始凭证注明，"购买方"是本公司，"销售方"是常州文化用品有限公司，"货物或应税劳务、服务名称"是计算器和笔记本，这表明本公司向常州文化用品有限公司购买了计算器和笔记本。进行会计核算时，"金额"应根据具体的领用部门确定应记入的会计科目，"税额"应记入"应交税费——应交增值税——进项税额"科目的借方。同时，在该原始凭证上盖有"现金付讫"章，这表明采购款项已全部用现金支付，进行会计核算时，应记入"库存现金"科目的贷方。

2-3 是办公用品领用单，此单应作为领用办公用品时的记账依据。该原始凭证注明，办公室领用3个计算器,进行会计核算时,对应的金额应记入"管理费用——办公费"科目的借方;车间领用7个计算器和1本笔记本,进行会计核算时,对应的金额应记入"制造费用——办公费"科目的借方。

因此,该笔业务在会计数字化平台中应生成如下记账凭证。

2-4

记 账 凭 证

记字 2 号　　　　　　　2024 年 06 月 01 日　　　　　　附单据张数　2 张

摘 要	会计科目	借方金额	贷方金额
以现金购买办公用品	管理费用——办公费	240.00	
以现金购买办公用品	制造费用——办公费	563.74	
以现金购买办公用品	应交税费——应交增值税——进项税额	104.49	
以现金购买办公用品	库存现金		908.23
合计		908.23	908.23

审核:　　　　　　记账:　　　　　　出纳:　　　　　　　　　　　制单:刘洪凯

【业务3】（共1张原始凭证,于6月1日取得）

3-1

（流动资金贷款）

借 款 收 据（入账通知）

单位编号:201000023　　　借款日期:2024 年 6 月 1 日　　　合同编号:24577664　　**伍**

收款单位	名　称	常州东升有限公司	借款单位	名　称	常州东升有限公司
	结算户账号	2504538733		贷款户账号	234500000-90
	开户银行	中国银行常州分行新北区支行		开户银行	中国银行常州分行新北区支行

借款金额	人民币壹拾捌万元整	千 百 十 万 千 百 十 元 角 分 ¥　　1 8 0 0 0 0 0 0

借款原因及用途	流动资金不足借款	批准借款利率	年息5.1%

借款期限				你单位上列借款,已转入你单位结算户内。借款到期时由我行按期自你单位结算户转还。 此致 借款单位
期次	计划还款日期	√	计划还款金额	
1	2024 年 9 月 1 日		180 000 元	
2				
3				
备注:				（银行盖章）（1）

此联由银行退借款单位作入账通知

2024.06.01

上述原始凭证中:

3-1 是借款收据的入账通知,此联应作为借款单位借入款项的记账依据。该原始凭证注明,"收款单位"和"借款单位"都是本公司,"收款单位结算户账号"为 2504538733,"借款单位贷款户账号"为 234500000-90,这表明本公司借入的款项已在账号为 2504538733 的借款结算户进账,进行会计核算时,应记入"银行存款——中行——2504538733"科目的借方;同时,该原始凭证又注明,"借款原因及用途"为流动资金不足借款,"借款日期"为 2024 年 6 月 1 日,"计划还款日期"为 2024 年 9 月 1 日,这表明本公司向中国银行借入期限为 3 个月、年利率为 5.1%的短期借款,进行会计核算时,应记入"短期借款——中行"科目的贷方。

因此,该笔业务在会计数字化平台中应生成如下记账凭证。

3-2

记 账 凭 证

记字 3 号　　　　　　　2024 年 06 月 01 日　　　　　　　附单据张数　1 张

摘　要	会计科目	借方金额	贷方金额
向中国银行借短期借款	银行存款——中行——2504538733	180 000.00	
向中国银行借短期借款	短期借款——中行		180 000.00
合计		180 000.00	180 000.00

审核:　　　　记账:　　　　出纳:　　　　　　　　制单:刘洪凯

【业务 4】（共 2 张原始凭证,于 6 月 1 日取得）

4-1

中国银行
转账支票存根
54757873
01560911

附加信息
_____
_____

出票日期 *2024 年 6 月 1 日*

收款人:	*常州东升有限公司*
金　额:	*¥180 000.00*
用　途:	*划款*
备　注:	*(2504538733)*

单位主管　　　　　　　会计

4-2

中国建设银行进账单

2024 年 06 月 01 日

出票人	全称	常州东升有限公司	收款人	全称	常州东升有限公司
	账号	2504538733		账号	2105678081
	开户行	中行常州新北区支行		开户行	建行常州新北区支行
金额	（大写）人民币壹拾捌万元整			（小写）¥180 000.00	
凭证种类	转账支票		凭证号码	5475787301560911	
结算方式	转账		用途	货款	
			打印柜员：320628736A 开 打印机构：新北区支行 打印卡号：9553301260105394		

打印时间：2024-06-01　　　　交易柜员：A01B01000009　　　　交易机构：320620027

上述原始凭证中：

4-1 是中国银行转账支票存根，应作为付款方支付款项的记账依据。该原始凭证注明，"收款人"是本公司，"用途"是划款，账号为 2504538733，这表明本公司已将款项从账号为 2504538733 的借款结算户划出，进行会计核算时，应记入"银行存款——中行——2504538733"科目的贷方。

4-2 是中国建设银行进账单，收款人是本公司，应作为收款方收到款项的记账依据。该原始凭证注明，"付款人"和"收款人"均是本公司，但付款人的账号为 2504538733，收款人的账号为 2105678081，这表明本公司账号为 2105678081 的收到款项，应记入"银行存款——建行——2105678081"科目的借方。

因此，该笔业务在会计数字化平台中应生成如下记账凭证。

4-3

记 账 凭 证

记字 4 号　　　　2024 年 06 月 01 日　　　　　　　　附单据张数　2　张

摘　要	会计科目	借方金额	贷方金额
将款项从中行转到建行	银行存款——建行——2105678081	180 000.00	
将款项从中行转到建行	银行存款——中行——2504538733		180 000.00
合计		180 000.00	180 000.00

审核：　　　　　记账：　　　　　出纳：　　　　　制单：刘洪凯

【业务5】（共2张原始凭证，于6月2日取得）

5-1

中国建设银行
转账支票存根
72096551
12972222

附加信息 _____

_____

出票日期 *2024年6月2日*

收款人：	*常州东升有限公司*
金　额：	*￥56 990.99*
用　途：	*银行承兑保证金*
备　注：	*（2105678081）*

单位主管　　　　　　　会计

5-2

中国建设银行进账单

2024 年 06 月 02 日

出票人	全称	常州东升有限公司	收款人	全称	常州东升有限公司
	账号	2105678081		账号	2755653458
	开户行	建行常州新北区支行		开户行	建行常州新北区支行
金　额		（大写）人民币伍万陆仟玖佰玖拾元玖角玖分			（小写）￥56 990.99
凭证种类		转账支票	凭证号码		70965511 2972222
结算方式		转账	用　途		承兑保证金

打印柜员：320628736A开
打印机构：新北区支行
打印卡号：9553301260105394

（中国建设银行股份有限公司 新北区支行 业务专用章）

打印时间：2024-06-02　　　交易柜员：A01B01000009　　　交易机构：320620027

上述原始凭证中：

5-1是中国建设银行转账支票存根，应作为付款方支付款项的记账依据。该原始凭证注明，"收款人"是本公司，"用途"是银行承兑保证金，账号为2105678081，这表明本公司已将款项从账号为2105678081的基本户划出。进行会计核算时，应记入"银行存款——建行——2105678081"科目的贷方。

5-2是中国建设银行进账单，付款人是本公司，也应作为付款方支付款项的记账依据。该原始凭证注明，"付款人"和"收款人"均是本公司，但付款人的账号为2105678081，收款人的账号为2755653458,这表明本公司已将款项从账号为2105678081的基本户上划到建行账户2755653458上。进行会计核算时,应记入"其他货币资金——银行承兑保证金——建行——2755653458"科目的借方。

因此,该笔业务在会计数字化平台中应生成如下记账凭证。

5-3

记 账 凭 证

记字 5 号　　　　　　2024 年 06 月 02 日　　　　　　附单据张数　2　张

摘　要	会计科目	借方金额	贷方金额
支付银行承兑保证金	其他货币资金——银行承兑保证金——建行——2755653458	56 990.99	
支付银行承兑保证金	银行存款——建行——2105678081		56 990.99
合计		56 990.99	56 990.99

审核:　　　　记账:　　　　出纳:　　　　制单:刘洪凯

【业务6】（共3张原始凭证,于6月2日取得）

6-1

电子发票(增值税专用发票)

发票号码:24322000000005908128
开票日期:2024 年 06 月 02 日

下载次数:1

购买方信息	名称:常州东升有限公司 统一社会信用代码/纳税人识别号:91320400763987654R			销售方信息	名称:南通达城有限公司 统一社会信用代码/纳税人识别号:91320600763S936365			
项目名称	规格型号	单位	数量	单价	金额		税率/征收率	税额
*金属制品*甲		千克	5 000	10.000 000	50 000.00		13%	6 500.00
合　计					￥50 000.00			￥6 500.00
价税合计(大写)	伍万陆仟伍佰元整			(小写)￥56 500.00				
备注								

开票人:王　从

6-2

电子发票(增值税专用发票)

发票号码：24322000000006109733
开票日期：2024 年 06 月 02 日

购买方信息	名称：常州东升有限公司 统一社会信用代码/纳税人识别号：91320400763987654R			销售方信息	名称：南通海通物流有限公司 统一社会信用代码/纳税人识别号：91320600730987 0617		

项目名称	规格型号	单位	数量	单价	金额	税率/征收率	税额
*运输服务*运输费		次	1	450.450 000	450.45	9%	40.54
合　　计					￥450.45		￥40.54

运输工具种类	运输工具牌号	起运地	到达地	运输货物名称
箱式货车	苏 F1D031	南通	常州	甲

价税合计(大写)	肆佰玖拾元玖角玖分	(小写)￥490.99

备注	

开票人：刘　成

6-3

银行承兑汇票　　3

89826252
12976331

出票日期(大写)　贰零贰肆年陆月零贰日

出票人全称	常州东升有限公司	收款人	全　称	南通达城有限公司											
出票人账号	2105678081		账　号	4105678954											
付款行全称	建行常州新北区支行		开户行	建行城区支行											
出票金额	人民币(大写) 伍万陆仟玖佰玖拾元玖角玖分			亿	千	百	十	万	千	百	十	元	角	分	
							￥	5	6	9	9	0	9	9	
汇票到期日(大写)	贰零贰肆年壹拾贰月零贰日	付款行	行号	常州建行 9866511											
承兑协议编号	2024 常字第 G091 号		地址	常州新北区黄山路 987 号											
			备注：					复核			记账				

第二章 数字化记账凭证

上述原始凭证中：

6-1 是电子发票（增值税专用发票），该发票上"购买方信息"显示购买方是本公司，应作为购买方的记账依据。该原始凭证注明，"购买方信息"显示购买方是本公司，"销售方信息"显示销售方是南通达城有限公司，"项目名称"是甲，这表明本公司从南通达城有限公司购买了原材料甲。同时，由于本业务的原始凭证中还没有收料单，这表明该原材料尚未验收入库。因此，进行会计核算时，"金额"应记入"在途物资——甲"科目的借方，"税额"应记入"应交税费——应交增值税——进项税额"科目的借方。

6-2 是电子发票（增值税专用发票），该发票上"购买方信息"显示购买方是本公司，应作为购买方的记账依据。该原始凭证注明，"购买方信息"显示购买方是本公司，"销售方信息"显示销售方是南通海通物流有限公司，"项目名称"是运输费，"运输货物名称"是甲，这表明本公司发生了采购原材料甲的运费。进行会计核算时，"金额"应记入"在途物资——甲"科目的借方，"税额"应记入"应交税费——应交增值税——进项税额"科目的借方。

6-3 是银行承兑汇票的第三联，此联应作为出票人的记账依据。该原始凭证注明，"出票日期"是贰零贰肆年陆月零贰日，"汇票到期日"是贰零贰肆年壹拾贰月零贰日，"出票人"是本公司，"收款人"是南通达城有限公司，这表明本公司在 2024 年 6 月 2 日向南通达城有限公司开出了一张期限为 6 个月、金额为 56 990.99 元的银行承兑汇票。进行会计核算时，应记入"应付票据——南通达城有限公司"科目的贷方。

因此，该笔业务在会计数字化平台中应生成如下记账凭证。

6-4

记 账 凭 证

记字 6 号　　　　2024 年 06 月 02 日　　　　附单据张数 3 张

摘　要	会计科目	借方金额	贷方金额
购甲材料，开出银行承兑汇票，未入库	在途物资——甲	50 450.45	
购甲材料，开出银行承兑汇票，未入库	应交税费——应交增值税——进项税额	6 540.54	
购甲材料，开出银行承兑汇票，未入库	应付票据——南通达城有限公司		56 990.99
合计		56 990.99	56 990.99

审核：　　　　记账：　　　　出纳：　　　　制单：刘洪凯

【业务7】（共1张原始凭证，于6月3日取得）

7-1

收 料 单

供应单位：南通达城有限公司　　　2024年6月3日　　　　　　　编号：240001

材料编号	名称	单位	规格	数量		实际成本			
				应收	实收	单价	发票价格	运杂费	合计
01001	甲	千克		5 000	5 000				

第二联　记账联

备注：

收料人：张晶宇　　　　　　　　　　　　　　交料人：黄小林

上述原始凭证中：

7-1是收料单的第二联记账联，此联应作为收到材料的记账依据。该原始凭证注明，"供应单位"是南通达城有限公司，"材料名称"是材料甲，"数量"是5 000千克，这表明[业务6]中本公司向南通达城有限公司购买的5 000千克原材料甲已经全部验收入库，进行会计核算时，应记入"原材料——甲"科目的借方；同时，应将[业务6]中的"在途物资——甲"科目的借方发生额转出，记入"在途物资——甲"科目的贷方。

因此，该笔业务在会计数字化平台中应生成如下记账凭证。

7-2

记 账 凭 证

记字7号　　　　　　2024年06月03日　　　　　　附单据张数　1　张

摘　要	会计科目	借方金额	贷方金额
材料验收入库	原材料——甲	50 450.45	
材料验收入库	在途物资——甲		50 450.45
合计		50 450.45	50 450.45

审核：　　　　　记账：　　　　　出纳：　　　　　制单：刘洪凯

【业务8】（共3张原始凭证，于6月3日取得）

8-1

电子发票(增值税专用发票)

发票号码：24322000000006109758
开票日期：2024 年 06 月 03 日

下载次数：1

购买方信息	名称：常州东升有限公司							
	统一社会信用代码/纳税人识别号：91320400763987654R							

销售方信息	名称：无锡李园有限公司
	统一社会信用代码/纳税人识别号：91320200004447632A

项目名称	规格型号	单位	数量	单价	金额	税率/征收率	税额
*金属制品*乙		千克	2 000	8.000 000	16 000.00	13%	2 080.00
合　　计					￥16 000.00		￥2 080.00

价税合计(大写)	壹万捌仟零捌拾元整	(小写)￥18 080.00
备注		

开票人：周亚琴

8-2

电子发票(增值税专用发票)

发票号码：24322000000004313155
开票日期：2024 年 06 月 03 日

下载次数：1

购买方信息	名称：常州东升有限公司
	统一社会信用代码/纳税人识别号：91320400763987654R

销售方信息	名称：无锡天天物流有限公司
	统一社会信用代码/纳税人识别号：91320200730985454B

项目名称	规格型号	单位	数量	单价	金额	税率/征收率	税额
*运输服务*运输费		次	1	180.180 000	180.18	9%	16.22
合　　计					￥180.18		￥16.22

运输工具种类	运输工具牌号	起运地	到达地	运输货物名称
箱式货车	苏BVD981	无锡	常州	乙

价税合计(大写)	壹佰玖拾陆元肆角整	(小写)￥196.40
备注	运费由无锡李园有限公司垫付	

开票人：刘　明

8-3

收 料 单

供应单位：无锡李园有限公司　　2024年6月3日　　编号：240002

材料编号	名称	单位	规格	数量		实际成本			
				应收	实收	单价	发票价格	运杂费	合计
02001	乙	千克		2 000	2 000				

备　注：

收料人：张晶宇　　　　　　　　交料人：刘兵

第二联　记账联

上述原始凭证中：

8-1是电子发票（增值税专用发票），该发票上"购买方信息"是本公司，应作为购买方的记账依据。该原始凭证注明，"购买方信息"是本公司，"销售方信息"是无锡李园有限公司，"项目名称"是乙，这表明本公司从无锡李园有限公司购买了原材料乙。

8-2是电子发票（增值税专用发票），该发票上"购买方信息"是本公司，应作为购买方的记账依据。该原始凭证注明，"购买方信息"是本公司，"销售方信息"是无锡天天物流有限公司，"项目名称"是运输费，"运输货物名称"是乙，这表明本公司发生了采购原材料乙的运费。

8-3是收料单的第二联记账联，此联应作为收到材料的记账依据。该原始凭证注明，"供应单位"是无锡李园有限公司，"材料名称"是材料乙，"数量"是2 000千克，这表明本公司向无锡李园有限公司购买的2 000千克原材料乙已经全部验收入库。

根据8-1和8-3进行会计核算时，"金额"应记入"原材料——乙"科目的借方，"税额"应记入"应交税费——应交增值税（进项税额）"科目的借方。

根据8-2进行会计核算时，"金额"应记入"原材料——乙"科目的借方，"税额"应记入"应交税费——应交增值税——进项税额"科目的借方。

由于这笔采购业务中没有相关付款的原始凭证，结合8-2的"备注"栏中运费已由无锡李园有限公司垫付，这表明本公司尚未支付上述购货款和运输费用，进行会计核算时，上述所有款项均应记入"应付账款——无锡李园有限公司"科目的贷方。

因此，该笔业务在会计数字化平台中应生成如下记账凭证。

8-4

记 账 凭 证

记字8号　　　　　　　2024年06月03日　　　　　附单据张数　3　张

摘　要	会计科目	借方金额	贷方金额
购入乙材料，入库，款未付	原材料——乙	16 180.18	
购入乙材料，入库，款未付	应交税费——应交增值税——进项税额	2 096.22	
购入乙材料，入库，款未付	应付账款——无锡李园有限公司		18 276.40
合计		18 276.40	18 276.40

审核：　　　　　记账：　　　　　出纳：　　　　　制单：刘洪凯

【业务9】（共2张原始凭证，于6月3日取得）

9-1

工资总额及扣款计算表

2024 年 6 月 3 日

项目		类别	应付工资	养老保险	医疗保险	失业保险	住房公积金	个人所得税	扣款合计	实发金额
车间		A产品生产工人	98 500.00	7 880.00	1 970.00	492.50	9 850.00	260.00	20 452.50	78 047.50
		B产品生产工人	32 500.00	2 600.00	650.00	162.50	3 250.00	89.80	6 752.30	25 747.20
		管理人员	24 000.00	1 920.00	480.00	120.00	2 400.00	46.10	4 966.10	19 033.90
管理部门			44 000.00	3 520.00	880.00	220.00	4 400.00	204.10	9 224.10	34 775.90
合　计			199 000.00	15 920.00	3 980.00	995.00	19 900.00	600.00	41 395.00	157 605.00

编制：赵小蕾　　　　　　　审核：丁小林

9-2

中国建设银行
转账支票存根
72096551
12972223

附加信息 _____
_____

出票日期 2024 年 6 月 3 日

收款人：常州东升有限公司

金　额：￥157 605.00

用　途：支付职工工资

备　注：（2105678081）

单位主管　　　　　　　会计

上述原始凭证中：

9-1 是工资总额及扣款计算表，此表应作为支付工资和扣取相关款项的记账依据。该原始凭证注明，"应付工资"是 199 000.00 元，职工个人应承担的社会保险费（包括养老保险、医疗保险和失业保险）是 20 895.00 元、"住房公积金"是 19 900.00 元、"个人所得税"是 600.00 元，这表明公司已从应付工资总额中扣除了个人应承担的社会保险费、住房公积金和个人所得税等，因此，实际应支付给职工的工资总额为 157 605.00 元。

9-2 是中国建设银行转账支票存根，应作为付款方支付款项的记账依据。该原始凭证注明，"收款人"是本公司，"用途"是支付职工工资，这表明本公司已经按照"实发金额"支付了职工工资，根据 9-1 和 9-2 进行会计核算时，"应付工资"的合计金额应记入"应付职工薪酬——工资"科目的借方。

同时，9-1 中代扣的款项尚未支付，进行会计核算时，应将"养老保险"的合计金额记入"其他应付款——设定提存计划——养老保险"科目的贷方，"医疗保险"的合计金额记入"其他应付款——社会保险费——医疗保险"科目的贷方，"失业保险"的合计金额记入"其他应付款——设定提存计划——失业保险"科目的贷方，"住房公积金"的合计金额记入"其他应付款——住房公积金"科目的贷方，"个人所得税"的合计金额记入"应交税费——应交个人所得税"科目的贷方。

此外，9-2 中转账支票存根表明，本公司已将款项从账号为 2105678081 的基本户上划出，进行会计核算时，"金额"应记入"银行存款——建行——2105678081"科目的贷方。

因此，该笔业务在会计数字化平台中应生成如下记账凭证。

9-3

记 账 凭 证

记字 9 号　　　　　　　　2024 年 06 月 03 日　　　　　　　　附单据张数　2　张

摘　要	会计科目	借方金额	贷方金额
支付职工工资，扣社保费用等	应付职工薪酬——工资	199 000.00	
支付职工工资，扣社保费用等	其他应付款——设定提存计划——养老保险		15 920.00
支付职工工资，扣社保费用等	其他应付款——社会保险费——医疗保险		3 980.00
支付职工工资，扣社保费用等	其他应付款——设定提存计划——失业保险		995.00
支付职工工资，扣社保费用等	其他应付款——住房公积金		19 900.00
支付职工工资，扣社保费用等	应交税费——应交个人所得税		600.00
支付职工工资，扣社保费用等	银行存款——建行（2105678081）		157 605.00
合计		199 000.00	199 000.00

审核：　　　　　记账：　　　　　出纳：　　　　　制单：刘洪凯

【业务10】 （共3张原始凭证，于6月3日取得）

10-1

电子发票（增值税专用发票）

发票号码：24322000000005908651
开票日期：2024 年 06 月 03 日

购买方信息	名称：常州东升有限公司					销售方信息	名称：常州金林股份有限公司		
	统一社会信用代码/纳税人识别号：91320400763987654R						统一社会信用代码/纳税人识别号：320400765441165019		

项目名称	规格型号	单位	数量	单价	金额	税率/征收率	税额
*金属制品*甲		千克	2 500	10.000 000	25 000.00	13%	3 250.00
*金属制品*乙		千克	5 000	8.000 000	40 000.00	13%	5 200.00
合　　计					￥65 000.00		￥8 450.00
价税合计（大写）	柒万叁仟肆佰伍拾元整				（小写）￥73 450.00		
备注							

开票人：刘 兵

下载次数：1

10-2

收　料　单

供应单位：常州金林股份有限公司　　　2024 年 6 月 3 日　　　编号：240003

材料编号	名称	单位	规格	数量		实际成本				第二联 记账联
				应收	实收	单价	发票价格	运杂费	合计	
01001	甲	千克		2 500	2 500					
01002	乙	千克		5 000	5 000					

备　注：

收料人：张晶宇　　　　　　　　　　交料人：周海娟

10-3

中国建设银行客户专用回单

币别：人民币　　　　　　2024 年 06 月 03 日　　　流水号 320620027J0500810021

付款人	全　称	常州东升有限公司	收款人	全　称	常州金林股份有限公司
	账　号	2105678081		账　号	3986766565
	开户行	建行常州新北区支行		开户行	交行新北区支行
金　额	（大写）人民币柒万叁仟肆佰伍拾元整			（小写）¥73 450.00	
凭证种类	电子转账凭证		凭证号码		
结算方式	转账		用　途	贷款	

打印柜员：320628736AJ1
打印机构：新北区支行
打印卡号：9553361260105394

（借方回单）

打印时间：2024-06-03　　交易柜员：A01B01000009　　交易机构：320620027

（电子回单专用章：中国建设银行）

上述原始凭证中：

10-1 是电子发票（增值税专用发票），该发票上"购买方信息"显示购买方是本公司，应作为购买方的记账依据。该原始凭证注明，"购买方信息"显示购买方是本公司，"销售方信息"显示销售方是常州金林股份有限公司，"项目名称"是甲和乙，这表明本公司从常州金林股份有限公司购买了原材料甲和乙。

10-2 是收料单的第二联记账联，此联应作为收到材料的记账依据。该原始凭证注明，"供应单位"是常州金林股份有限公司，"材料名称"是材料甲和乙，"数量"分别是 2 500 千克和 5 000 千克，这表明本公司向常州金林股份有限公司购买的 2 500 千克原材料甲和 5 000 千克原材料乙已经全部验收入库。

根据 10-1 和 10-2，进行会计核算时，"金额"应分别记入"原材料——甲"科目和"原材料——乙"科目的借方，"税额"应记入"应交税费——应交增值税——进项税额"科目的借方。

10-3 是中国建设银行客户专用回单联的借方回单联，应作为付款方支付款项的记账依据。该原始凭证注明，"付款人"是本公司，账号为 2105678081，"收款人"是常州金林股份有限公司，"凭证种类"是电子转账凭证的，结算方式就是网银，这表明本公司通过网银方式从账号为 2105678081 的基本户向常州金林股份有限公司支付了款项。进行会计核算时，应记入"银行存款——建行——2105678081"科目的贷方。

因此，该笔业务在会计数字化平台中应生成如下记账凭证。

10-4

记 账 凭 证

记字 10 号　　　　　　　　2024 年 06 月 03 日　　　　　　　附单据张数 3 张

摘　要	会计科目	借方金额	贷方金额
购材料甲、乙,入库,款付	原材料——甲	25 000.00	
购材料甲、乙,入库,款付	原材料——乙	40 000.00	
购材料甲、乙,入库,款付	应交税费——应交增值税——进项税额	8 450.00	
购材料甲、乙,入库,款付	银行存款——建行——2105678081		73 450.00
合计		73 450.00	73 450.00

审核:　　　　　　　　记账:　　　　　　　　出纳:　　　　　　　　制单:刘洪凯

【业务 11】 （共 2 张原始凭证,于 6 月 4 日取得）

11-1

中国建设银行客户专用回单

币别:人民币　　　　　　2024 年 06 月 04 日　　　　流水号320620027J0500810032

付款人	全　称	常州东升有限公司	收款人	全　称	中国电信股份有限公司常州分公司
	账　号	2105678081		账　号	23000456654421
	开户行	建行常州新北区支行		开户行	工行常州分行
金　额	（大写）人民币壹仟肆佰柒拾贰元玖角柒分			（小写）¥1 472.97	
凭证种类	电子转账凭证		凭证号码		
结算方式	转账		用　途	202405 电信消费金额	
附言:			打印柜员:320628736AJ1　　打印机构:新区支行　　打印卡号:9553301260105394		

（借方回单）

打印时间:2024-06-04　　交易柜员:B01B03000005　　交易机构:320620027

11-2

电子发票（增值税专用发票）

发票号码：24322000000006012823
开票日期：2024年06月03日

下载次数：1

购买方信息	名称：常州东升有限公司 统一社会信用代码/纳税人识别号：91320400763987654R	销售方信息	名称：中国电信股份有限公司常州分公司 统一社会信用代码/纳税人识别号：913204007487269445

项目名称	规格型号	单位	数量	单价	金额	税率/征收率	税额
*电信服务*电话费		项	1	1 351.350 000	1 351.35	9%	121.62
合　　计					￥1 351.35		￥121.62
价税合计（大写）	壹仟肆佰柒拾贰元玖角柒分			(小写)￥1 472.97			
备注							

开票人：蒋洁

上述原始凭证中：

11-1是中国建设银行客户专用回单的借方回单联，此联应作为付款方支付款项的记账依据。该原始凭证注明，"付款人"是本公司，"账户"为2105678081，"收款人"是中国电信股份有限公司常州分公司，"用途"是202405电信消费金额，"凭证种类"是电子转账凭证的，结算方式就是网银，这表明本公司通过网银方式从账号为2105678081的基本账户向中国电信股份有限公司常州分公司支付了2024年5月份的电信费。进行会计核算时，应记入"银行存款——建行——2105678081"科目的贷方。

11-2是电子发票（增值税专用发票），该发票上"购买方信息"是本公司，应作为购买方的记账依据。该原始凭证注明，"购买方信息"是本公司，"销售方信息"是中国电信股份有限公司常州分公司，"项目名称"栏是电话费，这表明本公司发生了电信费用。进行会计核算时，"金额"记入"管理费用——办公费"科目的借方，"税额"记入"应交税费——应交增值税——进项税额"科目的借方。

因此，该笔业务在会计数字化平台中应生成如下记账凭证。

11-3

记 账 凭 证

记字 11 号　　　　　　　　2024 年 06 月 04 日　　　　　　　　附单据张数　2　张

摘　要	会计科目	借方金额	贷方金额
支付电话费	管理费用——办公费	1 351.35	
支付电话费	应交税费——应交增值税——进项税额	121.62	
支付电话费	银行存款——建行——2105678081		1 472.97
合计		1 472.97	1 472.97

审核：　　　　　　记账：　　　　　　出纳：　　　　　　制单：刘洪凯

【业务 12】（共 2 张原始凭证，于 6 月 4 日取得）

12-1

中国建设银行客户专用回单

币别：人民币　　　　　2024 年 06 月 04 日　　　　流水号 320620027J0500855422

付款人：常州东升有限公司		账号：2105678081	
项目名称	工本费/转账汇款手续费/手续费		金　额
	14.18		14.18
金额（大写）壹拾肆元壹角捌分		￥14.18	
付款方式：转账 业务类型：收费项目：对公资金划转——本行同城 业务编号：0602000027352920		打印柜员：320629701AJ1 打印机构：常州新北支行 打印卡号：9553301260025956	

打印时间：2024-06-04　　　交易柜员：B01B03000005　　　交易机构：320620027

12-2

电子发票(增值税专用发票)

发票号码：24322000000003516592
开票日期：2024 年 06 月 04 日

购买方信息	名称：常州东升有限公司 统一社会信用代码/纳税人识别号：91320400763987654R	销售方信息	名称：中国建设银行股份有限公司常州市分行 统一社会信用代码/纳税人识别号：913211028554830878

项目名称	规格型号	单位	数量	单价	金额	税率/征收率	税额
*金融服务*直接收费金融服务		次	1	13.380 000	13.38	6%	0.8
合　　计					¥13.38		¥0.8
价税合计(大写)	壹拾肆元壹角捌分			(小写)¥14.18			
备注							

开票人：周浩

下载次数：1

上述原始凭证中：

12-1 是中国建设银行客户专用回单联，付款人是本公司，此联应作为付款方支付款项的记账依据。该原始凭证注明，"付款人"是本公司，"账号"为 2105678081，"付款方式"是银行转账，同时，该原始凭证注明的其他内容表明，本公司发生了工本费/转账汇款手续费/手续费，为[业务 10]中电子转账支付货款的转账汇款手续费，这表明本公司已通过账号为 2105678081 的基本户支付了转账汇款手续费，进行会计核算时，应记入"银行存款——建行——2105678081"科目的贷方。

12-2 是电子发票(增值税专用发票)，该发票上"购买方信息"显示购买方是本公司，应作为购买方的记账依据。该原始凭证注明，"购买方信息"显示购买方是本公司，"销售方信息"显示销售方是中国建设银行股份有限公司常州市分行，"项目名称"是直接收费金融服务，结合 12-1，这表明本公司发生了网银支付货款的手续费，进行会计核算时，"金额"记入"财务费用——工本及手续费"科目的借方，"税额"记入"应交税费——应交增值税——进项税额"科目的借方。

因此，该笔业务在会计数字化平台中应生成如下记账凭证。

12-3

记 账 凭 证

记字 12 号　　　　　2024 年 06 月 04 日　　　　　附单据张数　2　张

摘　要	会计科目	借方金额	贷方金额
支付银行手续费	财务费用——工本及手续费	13.38	
支付银行手续费	应交税费——应交增值税——进项税额	0.80	
支付银行手续费	银行存款——建行——2105678081		14.18
合计		14.18	14.18

审核：　　　　　记账：　　　　　出纳：　　　　　　　制单：刘洪凯

【业务13】（共 1 张原始凭证,于 6 月 7 日取得）

13-1

中国建设银行客户专用回单

转账日期：2024 年 06 月 07 日　　　　　　　　　　　凭证字号：2024120835123612

纳税人全称及纳税人识别号：常州东升有限公司　　913204000763987654K
付款人全称：常州东升有限公司　　　　　　咨询(投诉)电话：12366
付款人账号：2105678081　　　　　　　　征收机关名称：国家税务总局常州市新北区税务局
付款人开户银行：建行常州新北区支行　　征缴国库(银行)名称：国家金库常州市新北区支库
小写(合计)金额￥159 762.89　　　　　征缴书交易流水号：32066544690GPH5VA5M
大写(合计)金额人民币壹拾伍万玖仟柒佰陆拾贰元捌角玖分　　税票号码：1320461407093l8732

税(费)种名称	所属时期	实缴金额
增值税	20240501—20240531	￥142 645.44
城市维护建设税	20240501—20240531	￥9 985.18
教育费附加	20240501—20240531	￥4 279.36
地方教育费附加	20240501—20240531	￥2 852.91

上述原始凭证中：

13-1 是中国建设银行客户专用回单,付款人是本公司,此联应作为付款方支付款项的记账依据。该原始凭证注明,"付款人全称"是本公司,"付款人账号"是 2105678081,表明本公司已通过账号为 2105678081 的基本户支付了款项,进行会计核算时,应记入"银行存款——建行——2105678081"科目的贷方;"征收机关名称"是国家税务总局常州市新北区税务局,"税(费)种名称"是增值税,"所属时期"是 20240501—20240531,同时,2024 年 5 月 31 日"应交税费——未交增值税"科目的贷方余额为 142 645.44 元,这表明本公司向国家税务总局常州市新北区税务局上交了上月未交的增值税,进行会计核算时,应记入"应交税费——未交增值税"科目的借方。

"税（费）种名称"是城市维护建设税、教育费附加、地方教育费附加，"所属时期"均为20240501—20240531，同时"应交税费——应交教育费附加""应交税费——应交地方教育费附加"及"应交税费——应交城市维护建设"科目2024年5月31日的贷方余额分别为4 279.36元、2 852.91元和9 985.18元，合计为17 117.45元，这表明本公司向国家税务总局常州市新北区税务局上交了上月未交的教育费附加、地方教育费附加及城市维护建设税，进行会计核算时，应记入"应交税费——应交教育费附加""应交税费——应交地方教育费附加"科目的借方和"应交税费——应交城市维护建设税"科目的借方。

因此，该笔业务在会计数字化平台中应生成如下记账凭证。

13-2

记 账 凭 证

记字 13 号　　　　　2024 年 06 月 07 日　　　　　附单据张数　1　张

摘　要	会计科目	借方金额	贷方金额
上交上月增值税及附加	应交税费——未交增值税	142 645.44	
上交上月增值税及附加	应交税费——应交城市维护建设税	9 985.18	
上交上月增值税及附加	应交税费——应交教育费附加	4 279.36	
上交上月增值税及附加	应交税费——应交地方教育费附加	2 852.91	
上交上月增值税及附加	银行存款——建行——2105678081		159 762.89
合计		159 762.89	159 762.89

审核：　　　　记账：　　　　出纳：　　　　制单：刘洪凯

【业务 14】（共 1 张原始凭证，于 6 月 7 日取得）

14-1

中国建设银行客户专用回单

转账日期：2024 年 06 月 07 日　　　　　凭证字号：2024120835123617

纳税人全称及纳税人识别号：常州东升有限公司　　913204007 63987654R
付款人全称：常州东升有限公司　　咨询（投诉）电话：12366
付款人账号：2105678081　　征收机关名称：国家税务总局常州市新北区税务局
付款人开户银行：建行常州新北区支行　　征缴国库（银行）名称：国家金库常州市新北区支库
小写（合计）金额￥131 564.56　　征缴书交易流水号：32066544690GPH5VA5M
大写（合计）金额人民币壹拾叁万壹仟伍佰陆拾肆元伍角陆分　　税票号码：1320461407093187421

税（费）种名称	所属时期	实缴金额
企业所得税	20240501—20240531	￥131 564.56

上述原始凭证中：

14-1是中国建设银行客户专用回单，此联应作为付款方支付款项的记账依据。该原始凭证注明，"付款人"是本公司，"付款人账号"是2105678081，表明本公司已通过账号为2105678081的基本户支付了款项，进行会计核算时，应记入"银行存款——建行——2105678081"科目的贷方；"征收机关名称"是国家税务总局常州市新北区税务局，"税（费）种名称"是企业所得税，"所属时期"为20240501—20240531，同时"应交税费——应交企业所得税"科目2024年5月31日的贷方余额为131 564.56元。这表明本公司向国家税务总局常州市新北区税务局上交了上月未交的企业所得税，进行会计核算时，应记入"应交税费——应交企业所得税"科目的借方。

因此，该笔业务在会计数字化平台中应生成如下记账凭证。

14-2

记 账 凭 证

记字 14 号　　　　　　2024 年 06 月 07 日　　　　　　附单据张数　1　张

摘　要	会计科目	借方金额	贷方金额
上交上月企业所得税	应交税费——应交企业所得税	131 564.56	
上交上月企业所得税	银行存款——建行——2105678081		131 564.56
合计		131 564.56	131 564.56

审核：　　　　　　记账：　　　　　　出纳：　　　　　　制单：刘洪凯

【业务15】（共1张原始凭证，于6月7日取得）

15-1

中国建设银行客户专用回单

转账日期：2024 年 06 月 07 日　　　　　　　　　　凭证字号：2024120835123623

纳税人全称及纳税人识别号：常州东升有限公司　　91320400763987654R
付款人全称：常州东升有限公司　　咨询(投诉)电话：12366
付款人账号：2105678081　　征收机关名称：国家税务总局常州市新北区税务局
付款人开户银行：建行常州新北区支行　　收缴国库(银行)名称：国家金库常州市新北区支库
小写(合计)金额：￥600.00　　缴款书交易流水号：2019120835125392
大写(合计)金额：人民币陆佰元整　　税票号码：132046140709354741
税（费）种名称　　　所属时期　　　实缴金额
个人所得税　　　20240501—20240531　　￥600.00

上述原始凭证中：

15-1 是中国建设银行客户专用回单，此联应作为付款方支付款项的记账依据。该原始凭证注明，"付款人"是本公司，"付款人账号"是 2105678081，表明本公司已通过账号为 2105678081 的基本户支付了款项，进行会计核算时，应记入"银行存款——建行——2105678081"科目的贷方；"征收机关名称"是国家税务总局常州市新北区税务局，"税（费）种名称"是个人所得税，"所属时期"为 20240501—20240531，而"应交税费——应交个人所得税"科目 2024 年 5 月 31 日贷方余额为 600.00 元，这表明本公司向国家税务总局常州市新北区税务局上交了上月未交的个人所得税，进行会计核算时，应记入"应交税费——应交个人所得税"科目的借方。

因此，该笔业务在会计数字化平台中应生成如下记账凭证。

15-2

记 账 凭 证

记字 15 号　　　　　　　2024 年 06 月 07 日　　　　　　　附单据张数　1 张

摘　要	会计科目	借方金额	贷方金额
上交上月个人所得税	应交税费——应交个人所得税	600.00	
上交上月个人所得税	银行存款——建行——2105678081		600.00
合计		600.00	600.00

审核：　　　　记账：　　　　出纳：　　　　　　　制单：刘洪凯

【业务 16】（共 1 张原始凭证，于 6 月 7 日取得）

16-1

中国建设银行客户专用回单

转账日期：2024 年 06 月 07 日　　　　　　　凭证字号：2024120835123637

纳税人全称及纳税人识别号：常州东升有限公司	91320400763987654R
付款人全称：常州东升有限公司	咨询（投诉）电话：12366
付款人账号：2105678081	征收机关名称：国家税务总局常州市新北区税务局
付款人开户银行：建行常州新北区支行	收缴国库（银行）名称：国家金库常州市新北区支库
小写（合计）金额：¥70 645.00	缴款书交易流水号：2018120835125321
大写（合计）金额：人民币柒万零陆佰肆拾伍元整	税票号码：13204614070931L252

税（费）种名称	所属时期	应缴金额
医疗保险本金	20240601—20240630	¥18 905.00
养老保险本金	20240601—20240630	¥47 760.00
失业保险本金	20240601—20240630	¥1 990.00
生育保险本金	20240601—20240630	¥1 592.00
工伤保险本金	20240601—20240630	¥398.00

上述原始凭证中：

16-1 是中国建设银行客户专用回单，此联应作为付款方支付款项的记账依据。该原始凭证注明，"付款人"是本公司，"付款人账号"是 2105678081，表明本公司已通过账号为 2105678081 的基本户支付了款项，进行会计核算时，应记入"银行存款——建行——2105678081"科目的贷方；"征收机关名称"是国家税务总局常州市新北区税务局，"税（费）种名称"是医疗保险本金、养老保险本金、失业保险本金、生育保险本金、工伤保险本金，"所属时期"均为 20240601—20240630，"实缴金额"分别为 18 905.00 元、47 760.00 元、1 990.00 元、1 592.00 元和 398.00 元；而[业务 9]已确认"其他应付款——社会保险费"科目的金额为 3 980.00 元，"其他应付款——设定提存计划"科目的金额为 16 915.00 元，两者合计 20 895.00 元为个人应承担的社会保险费；"应付职工薪酬——社会保险费"科目2024年5月31日贷方余额为 16 915.00 元，"应付职工薪酬——设定提存计划"科目 2024 年 5 月 31 日贷方余额为 32 835.00 元，两者为企业应承担的社会保险费，合计为 49 750.00 元，这表明本公司向国家税务总局常州市新北区税务局支付了本月应交的个人和企业应承担的社会保险费，进行会计核算时，个人应承担的养老保险、医疗保险和失业保险应分别记入"其他应付款——设定提存计划——养老保险"科目的借方、"其他应付款——社会保险费——医疗保险"科目的借方及"其他应付款——设定提存计划——失业保险"科目的借方，企业应承担的养老保险、医疗保险、失业保险、生育保险和工伤保险应分别记入"应付职工薪酬——设定提存计划——养老保险"科目的借方、"应付职工薪酬——社会保险费——医疗保险"科目的借方、"应付职工薪酬——设定提存计划——失业保险"科目的借方、"应付职工薪酬——社会保险费——生育保险"科目的借方和"应付职工薪酬——社会保险费——工伤保险"科目的借方。

因此，该笔业务在会计数字化平台中应生成如下记账凭证。

16-2

记 账 凭 证

记字 16 号　　　　　　2024 年 06 月 07 日　　　　　　附单据张数　1　张

摘 要	会计科目	借方金额	贷方金额
支付社会保险费	其他应付款——设定提存计划——养老保险	15 920.00	
支付社会保险费	其他应付款——社会保险费——医疗保险	3 980.00	
支付社会保险费	其他应付款——设定提存计划——失业保险	995.00	
支付社会保险费	应付职工薪酬——设定提存计划——养老保险	31 840.00	
支付社会保险费	应付职工薪酬——社会保险费——医疗保险	14 925.00	
支付社会保险费	应付职工薪酬——设定提存计划——失业保险	995.00	
支付社会保险费	应付职工薪酬——社会保险费——生育保险	1 592.00	
支付社会保险费	应付职工薪酬——社会保险费——工伤保险	398.00	
支付社会保险费	银行存款——建行——2105678081		70 645.00
合计		70 645.00	70 645.00

审核：　　　　　记账：　　　　　出纳：　　　　　制单：刘洪凯

【业务17】 （共1张原始凭证，于6月8日取得）

17-1

中国建设银行　银行汇(本)票申请书

00386548

币别：人民币　　　　　2024年6月8日　　　　　流水号：202403001

业务类型	☑银行汇票　□银行本票	付款方式	☑转账　□现金
申请人	常州东升有限公司	收款人	常州加成有限公司
账号	2105678081	账号	2105675643
用途	货款	代理付款行	

金额：（大写）肆万伍仟贰佰元整　　　￥45 200.00

第三联　客户回单

客户签章（周海波、常州东升有限公司财务专用章）

（中国建设银行股份有限公司新北区支行业务专用章）

会计主管　　　授权　　　复核　　　录入

上述原始凭证中：

17-1是中国建设银行银行汇(本)票申请书的第三联客户回单联，此联应作为申请人的记账依据。该原始凭证注明，"业务类型"是银行汇票，"申请人"是本公司，"收款人"是常州加成有限公司，这表明本公司向银行申请取得了一张金额为45 200.00元、收款人为常州加成有限公司的银行汇票，进行会计核算时，应记入"其他货币资金——银行汇票"科目的借方；同时，"账号"为2105678081，"付款方式"为转账，这表明本公司已通过账号为2105678081的基本户支付了款项，进行会计核算时，应记入"银行存款——建行——2105678081"科目的贷方。

因此，该笔业务在会计数字化平台中应生成如下记账凭证。

17-2

记　账　凭　证

记字 17 号　　　　2024年06月08日　　　　附单据张数　1　张

摘　要	会计科目	借方金额	贷方金额
申请银行汇票	其他货币资金——银行汇票	45 200.00	
申请银行汇票	银行存款——建行——2105678081		45 200.00
合计		45 200.00	45 200.00

审核：　　　记账：　　　出纳：　　　制单：刘洪凯

【业务18】 （共2张原始凭证，于6月9日取得）

18-1

电子发票（增值税专用发票）

发票号码：24322000000009011503
开票日期：2024 年 06 月 09 日

下载次数：1

购买方信息	名称：常州东升有限公司						销售方信息	名称：南京长江有限公司		
	统一社会信用代码/纳税人识别号：91320400763987654R							统一社会信用代码/纳税人识别号：91320100639876548D		

项目名称	规格型号	单位	数量	单价	金额	税率/征收率	税额
*金属制品*甲		千克	1 500	10.000 000	15 000.00	13%	1 950.00
*金属制品*乙		千克	500	8.000 000	4 000.00	13%	520.00
合 计					￥19 000.00		￥2 470.00
价税合计（大写）	贰万壹仟肆佰柒拾元整						（小写）￥21 470.00	
备注								

开票人：王 琴

18-2

中国建设银行客户专用回单

币别：人民币　　　　2024 年 06 月 09 日　　　流水号 320620027J0500810125

付款人	全 称	常州东升有限公司	收款人	全 称	南京长江有限公司
	账 号	2105678081		账 号	7105678654
	开户行	建行常州新北区支行		开户行	建行南京中山区支行
金 额	（大写）人民币贰万壹仟肆佰柒拾元整				（小写）￥21 470.00
凭证种类	电子转账凭证		凭证号码		
结算方式	转账		用 途	货款	
				打印柜员：320628736AJ1 打印机构：新北区支行 打印卡号：9553301260105394	

（借方回单）

电子回单
专交易机构：320620027

打印时间：2024-06-09　　交易柜员：A01B01000009

上述原始凭证中：

18-1 是电子发票（增值税专用发票），该发票上"购买方信息"显示购买方是本公司，应作为购买方的记账依据。该原始凭证注明，"购买方信息"显示购买方是本公司，"销售方信息"显示销售方是南京长江有限公司，"项目名称"是甲和乙，这表明本公司从南京长江有限公司购买了原材料甲和乙。同时，本业务的原始凭证中还没有收料单，这表明该原材料尚未验收入库。因此，进行会计核算时，"金额"应记入"在途物资——甲"科目的借方和"在途物资——乙"科目的借方，"税额"应记入"应交税费——应交增值税——进项税额"科目的借方。

18-2 是中国建设银行客户专用回单的借方回单联，此联应作为付款方支付款项的记账依据。该原始凭证注明，"付款人"是本公司，账号为 2105678081，"收款人"是南京长江有限公司，"凭证种类"是电子转账凭证的，结算方式就是网银，这表明本公司已将款项通过网银方式从账号为 2105678081 的基本户向南京长江有限公司支付了款项。进行会计核算时，应记入"银行存款——建行——2105678081"科目的贷方。

因此，该笔业务在会计数字化平台中应生成如下记账凭证。

18-3

记 账 凭 证

记字 18 号　　　　　2024 年 06 月 09 日　　　　　附单据张数　2 张

摘　要	会计科目	借方金额	贷方金额
购买甲、乙材料，款付，未入库	在途物资——甲	15 000.00	
购买甲、乙材料，款付，未入库	在途物资——乙	4 000.00	
购买甲、乙材料，款付，未入库	应交税费——应交增值税——进项税额	2 470.00	
购买甲、乙材料，款付，未入库	银行存款——建行——2105678081		21 470.00
合计		21 470.00	21 470.00

审核：　　　　记账：　　　　出纳：　　　　制单：刘洪凯

【业务 19】　（共 1 张原始凭证，于 6 月 9 日取得）

19-1

中国建设银行客户专用回单

币别：人民币　　　　2024年06月09日　　　流水号 320620027J0500810136

付款人	全　称	常州东升有限公司	收款人	全　称	常州市住房公积金管理中心	（借方回单）
	账　号	2105678081		账　号	50732001628536052501055	
	开户行	建行常州新北区支行		开户行	建行延陵支行	
金　额		（大写）人民币叁万玖仟捌佰元整			（小写）¥39 800.00	
凭证种类		其他凭证	凭证号码		550384745	
结算方式		转证	用　途		WFP:公积金000068537;20240603	
			打印柜员：320626736李AJX			
			打印机构：新北区支行			
			打印卡号：9553301260105394			

打印时间：2024-06-09　　　交易柜员：A01B01000009　　　交易机构：320620027

　　19-1是中国建设银行客户专用回单的借方回单联，此联也应作为付款方支付款项的记账依据。该原始凭证注明，"付款人"是本公司，账号为2105678081，这表明本公司已将款项从账号为2105678081的基本户上划出，进行会计核算时，应记入"银行存款——建行——2105678081"科目的贷方；同时，"收款人"是常州市住房公积金管理中心，结合[业务9]，"其他应付款——住房公积金"科目的贷方发生额为19 900.00元，为个人应承担的住房公积金，"应付职工薪酬——住房公积金"科目2024年5月31日的贷方余额19 900.00元，为企业应承担的住房公积金，合计金额为39 800.00元，这表明本公司向住房公积金管理中心支付了本月应交的个人和企业应承担的住房公积金，进行会计核算时，应记入"其他应付款——住房公积金"科目的借方和"应付职工薪酬——住房公积金"科目的借方。

　　因此，该笔业务在会计数字化平台中应生成如下记账凭证。

19-2

记 账 凭 证

记字 19 号　　　　2024年06月09日　　　附单据张数　1　张

摘　要	会计科目	借方金额	贷方金额
支付住房公积金	其他应付款——住房公积金	19 900.00	
支付住房公积金	应付职工薪酬——住房公积金	19 900.00	
支付住房公积金	银行存款——建行——2105678081		39 800.00
合计		39 800.00	39 800.00

审核：　　　　记账：　　　　出纳：　　　　制单：刘洪凯

【业务20】 （共5张原始凭证，于6月10日取得）

20-1

收 料 单

供应单位：南京长江有限公司　　　2024年6月10日　　　　　　　编号：240004

材料编号	名称	单位	规格	数量		实际成本			
				应收	实收	单价	发票价格	运杂费	合计
01001	甲	千克		1 500	1 500				
02001	乙	千克		500	500				

备注：

收料人：张晶宇　　　　　　　　　交料人：王 力

第二联 记账联

20-2

江苏增值税专用发票　　NO.32204601

3200007281

3200007281
32204601

开票日期：2024年06月10日

购买方	名　称：常州东升有限公司 纳税人识别号：91320400763987654R 地　址、电　话：河海西路90号　85333930 开户行及账号：建行常州新北区支行　2105678081	密码区	750066＜98/198533204＋＜63＜＋ 64＜－＞876＊98＜/8765/＞＋216 ＞2＞612－＋47561＜＞＋782－/ 5432＜4＊－62＞＞＞01	加密版本：01 3200007281 32204601

货物或应税劳务、服务名称	规格型号	单位	数量	单价	金　额	税率	税　额
＊运输服务＊运输费		次	1	289.19	289.19	9%	26.03
合　　计					¥289.19		¥26.03

价税合计（大写）　　叁佰壹拾伍元贰角贰分　　　　　　（小写）¥315.22

销售方	名　称：南京中山物流有限公司 纳税人识别号：91320100730985454V 地　址、电　话：山中路31号　88003325 开户行及账号：建行南京分行　78105600432	备注	车种车号：卡车苏D75082　起运地：南京中山西路87号　到达地：常州新北区河海路 货物名称：甲乙

收款人：　　　　复核：　　　　开票人：王 红　　　　销售方：(章)

第二联 抵扣联 购买方扣税凭证

发票专用章 (1)

20-3

江苏增值税专用发票

NO.32204601

3200007281
32204601

发票联

开票日期：2024 年 06 月 10 日

购买方	名　　称：常州东升有限公司 纳税人识别号：91320400763987654R 地　址、电话：河海西路 90 号　85333930 开户行及账号：建行常州新北区支行　2105678081	密码区	750066＜98/198533204＋＜63＜＋ 64＜－＞876＊98＜/8765/＞＋216 ＞2＞612－＋47561＜＞＋782－/ 5432＜4＊－62＞＞＞01	加密版本：01 3200007281 32204601

货物或应税劳务、服务名称	规格型号	单位	数量	单价	金额	税率	税额
*运输服务*运输费		次	1	289.19	289.19	9%	26.03
合　　计					￥289.19		￥26.03

价税合计（大写）　叁佰壹拾伍元贰角贰分　　　　　（小写）￥315.22

销售方	名　　称：南京中山物流有限公司 纳税人识别号：91320100730985454V 地　址、电话：山中路 31 号　88003325 开户行及账号：建行南京分行　78105600432	备注	车种车号：卡车苏 D75082　起运地：南京中山西路 87 号　到达地：常州新北区河海路 货物名称：甲乙

收款人：　　　　　复核：　　　　　开票人：王 红　　　　　销售方（章）
发票专用章
(1)

20-4

采购费用分配表

2024 年 6 月 10 日

项目 材料名称	分配标准（重量）	分配率	分配金额
甲	1 500	0.14	210.00
乙	500	0.14	79.19
合计	2 000		289.19

编制：赵小蕾　　　　　　　　　　　　　　　　　　　审核：丁小林

20-5

中国建设银行客户专用回单

币别：人民币　　　　　　　2024 年 06 月 10 日　　　　　流水号 320620027J0500810169

付款人	全　称	常州东升有限公司	收款人	全　称	南京中山物流有限公司
	账　号	2105678081		账　号	7105676542
	开户行	建行常州新北区支行		开户行	建行中山区支行
金　额	（大写）人民币叁佰壹拾伍元贰角贰分				（小写）￥315.22
凭证种类	电子转账凭证		凭证号码		
结算方式	转账		用　途		货款
			打印柜员：320628738A11 打印机构：新北区支行 打印卡号：9553301260105394		

（借方回单）

打印时间：2024-06-10　　　交易柜员：A01B01000009　　　交易机构：320620027

上述原始凭证中：

20-1 是收料单的第二联记账联，此联应作为收到材料的记账依据。该原始凭证注明，"供应单位"是南京长江有限公司，"材料名称"是材料甲和乙，"数量"分别是 1 500 千克和 500 千克，这表明[业务 18]中本公司向南京长江有限公司购买的 1 500 千克原材料甲和 500 千克原材料乙已经全部验收入库，进行会计核算时，应记入"原材料——甲"和"原材料——乙"科目的借方；同时，应将[业务 18]中的"在途物资——甲"和"在途物资——乙"科目的借方发生额转出，记入"在途物资——甲"和"在途物资——乙"科目的贷方。

20-2 是江苏增值税专用发票的第二联抵扣联，此联应作为购买方抵扣进项税额的依据。该抵扣联不能作为记账凭证的附单据张数，应单独装订保管，以备税务机关查验。

20-3 是江苏增值税专用发票的第三联发票联，此联应作为购买方的记账依据。该原始凭证注明，"购买方"是本公司，"销售方"是南京中山物流有限公司，"货物或应税劳务、服务名称"是运输费，"备注"是运输货物：甲、乙，表明本公司发生了采购原材料甲和乙的运费。进行会计核算时，"金额"应记入"原材料——甲"和"原材料——乙"科目的借方，"税额"应记入"应交税费——应交增值税——进项税额"科目的借方。

20-4 是采购费用分配表，此表应作为计算分配采购费用的记账依据。该原始凭证注明的内容表明，甲材料应担的采购费用是 210.00 元，乙材料应承担的采购费用是 79.19 元，应分别记入"原材料——甲"和"原材料——乙"科目的借方。

20-5 是中国建设银行客户专用回单的借方回单联，此联应作为付款方支付款项的记账依据。该原始凭证注明，"付款人"是本公司，账号为 2105678081，"收款人"是南京中山物流有限公司，"凭证种类"是电子转账凭证的，结算方式就是网银，这表明本公司已将款项通过网银方式从账号为 2105678081 的基本户向南京中山物流有限公司支付了款项。进行会计核算时，应记入"银行存款——建行——2105678081"科目的贷方。

因此，该笔业务在会计数字化平台中应生成如下记账凭证。

20-6

记 账 凭 证

记字 20 号　　　　　　　2024 年 06 月 10 日　　　　　　附单据张数　4　张

摘　要	会计科目	借方金额	贷方金额
支付甲、乙材料运费并验收入库	原材料——甲	15 210.00	
支付甲、乙材料运费并验收入库	原材料——乙	4 079.19	
支付甲、乙材料运费并验收入库	应交税费——应交增值税——进项税额	26.03	
支付甲、乙材料运费并验收入库	银行存款——建行——2105678081		315.22
支付甲、乙材料运费并验收入库	在途物资——甲		15 000.00
支付甲、乙材料运费并验收入库	在途物资——乙		4 000.00
合计		19 315.22	19 315.22

审核：　　　　　记账：　　　　　出纳：　　　　　　　制单：刘洪凯

【业务 21】（共 2 张原始凭证，于 6 月 14 日取得）

21-1

电子发票(增值税专用发票)　　　　发票号码：24322000000003908622
开票日期：2024 年 06 月 14 日

购买方信息	名称：上海申达有限公司				销售方信息	名称：常州东升有限公司			
	统一社会信用代码/纳税人识别号：91310100013198876F					统一社会信用代码/纳税人识别号：91320400763987654R			

项目名称	规格型号	单位	数量	单价	金额	税率/征收率	税额
*商用设备*A		件	800	300.000 000	240 000.00	13%	31 200.00
合　　计					¥240 000.00		¥31 200.00
价税合计(大写)	贰拾柒万壹仟贰佰元整			（小写）¥271 200.00			
备注							

开票人：林　玉

21-2（此为复印件）

江苏增值税专用发票

NO.20364615　3200036556
　　　　　　　20364615

发票联

开票日期：2024 年 06 月 14 日

购买方	名　　称：上海申达有限公司 纳税人识别号：91310100013198876F 地　址、电　话：黄河路 78 号　87775755 开户行及账号：工行上海新区支行　0298877670555	密码区	750066＜98/198533204＋＜63＜＋ 64＜－＞876＊98＜/8765/＞＋216 ＞2＞612－＋47561＜＞＋782－/ 5432＜4＊－62＞＞＞01	加密版本：01 3200036556 20364615

第三联　发票联　购买方记账凭证

货物或应税劳务、服务名称	规格型号	单位	数量	单　价	金　额	税率	税　额
*运输服务*运输费		次	1	900.00	900.00	9%	81.00
合　计					￥900.00		￥81.00

（盖章：现金付讫）

价税合计（大写）	玖佰捌拾壹元整	（小写）￥981.00

销售方	名　　称：常州海通物流有限公司 纳税人识别号：91320411740988912V 地　址、电　话：中山路 31 号　88003325 开户行及账号：建行常州新北支行　7810560432	备注	车种车号：苏 D70933 起运地：常州新北区河海路　到达地：上海市黄河路 78 号　货物名称：A

收款人：　　　复核：　　　开票人：王　红　　　销售方（章）

上述原始凭证中：

21-1 是电子发票（增值税专用发票），该发票上"销售方信息"显示销售方是本公司，应作为销售方的记账依据。该原始凭证注明，"销售方信息"显示销售方是本公司，"购买方信息"显示购买方是上海申达有限公司，"项目名称"是产品 A，这表明本公司销售了产品 A 给上海申达有限公司。而销售产品 A 是本公司的主营业务，因此，进行会计核算时，"金额"应记入"主营业务收入——A"科目的贷方，"税额"应记入"应交税费——应交增值税——销项税额"科目的贷方。

21-2 是江苏增值税专用发票第三联发票联的复印件，此复印件应作为销货方代垫运费的记账依据。该原始凭证注明，"销售方"是常州海通物流有限公司，"收货人"是上海申达有限公司，"运输货物信息"为 A，表明常州海通物流有限公司将货物 A 运给上海申达有限公司，该发票的原件已交给了上海申达有限公司。同时，该凭证上盖有"现金付讫"章，表明运费已全部由本公司用现金垫付。进行会计核算时，应记入"库存现金"科目的贷方。

由于这笔销售业务中没有相关收款的原始凭证，这表明本公司尚未收到销售款项及代垫的运费，进行会计核算时，应记入"应收账款——上海申达有限公司"科目的借方。

因此，该笔业务在会计数字化平台中应生成如下记账凭证。

21-3

记 账 凭 证

记字 21 号　　　　　　　2024 年 06 月 14 日　　　　　　附单据张数　2　张

摘　要	会计科目	借方金额	贷方金额
销售产品,并代垫运费,款未收	应收账款——上海申达有限公司	272 181.00	
销售产品,并代垫运费,款未收	主营业务收入——商品销售收入——A		240 000.00
销售产品,并代垫运费,款未收	应交税费——应交增值税——销项税额		31 200.00
销售产品,并代垫运费,款未收	库存现金		981.00
合计		272 181.00	272 181.00

审核：　　　　　　记账：　　　　　　出纳：　　　　　　　　　　制单：刘洪凯

【业务 22】（共 1 张原始凭证,于 6 月 14 日取得）

22-1

中国建设银行
现金支票存根
78096543
76972236

附加信息

出票日期 2024 年 6 月 14 日
收款人：常州东升有限公司
金　额：¥3 000.00
用　途：备用金
备　注：（2105678081）

单位主管　　　　　　会计

上述原始凭证中：

22-1 是中国建设银行现金支票存根,应作为付款方支付款项的记账依据。该原始凭证注明,账号为 2105678081,这表明本公司已将款项从账号为 2105678081 的基本户上划出,进行会计核算时,应记入"银行存款——建行——2105678081"科目的贷方；同时,"收款人"是本公司,"用途"是备用金,这表明本公司已经提取现金,进行会计核算时,应记入"库存现金"科目的借方。

因此,该笔业务在会计数字化平台中应生成如下记账凭证。

22-2

记 账 凭 证

记字 22 号　　　　　　　2024 年 06 月 14 日　　　　　　附单据张数　1　张

摘　要	会计科目	借方金额	贷方金额
提取现金	库存现金	3 000.00	
提取现金	银行存款——建行——2105678081		3 000.00
合计		3 000.00	3 000.00

审核：　　　　　　记账：　　　　　出纳：　　　　　　　制单：刘洪凯

【业务 23】（共 1 张原始凭证，于 6 月 14 日取得）

23-1

中国建设银行客户专用回单

币别：人民币　　　　2024 年 06 月 14 日　　　流水号 320620027J0500810198

付款人	全　称	常州黄河有限公司	收款人	全　称	常州东升有限公司
	账　号	36545432122		账　号	2105678081
	开户行	工行湖塘分理处		开户行	建行常州新北区支行
金　额	（大写）人民币陆万元整			（小写）¥60 000.00	
凭证种类	电子转账凭证		凭证号码		
结算方式	转账		用　途	贷款	

打印柜员：320628736A01
打印机构：新北区支行
打印卡号：9553301260105394

（贷方回单）

打印时间：2024-06-14　　交易柜员：A01B01000009　　交易机构：320620027

上述原始凭证中：

23-1 是中国建设银行客户专用回单的贷方回单联，此联应作为收款方收到款项的记账依据。该原始凭证注明，"付款人"是常州黄河有限公司，"收款人"是本公司，账号为2105678081，"凭证种类"是电子转账凭证的，结算方式就是网银，这表明本公司账号为2105678081 的基本户上通过网银方式收到了常州黄河有限公司支付的款项，进行会计核算时，应记入"银行存款——建行——2105678081"科目的借方；同时，"应收账款——常州黄河有限公司"科目 2024 年 5 月 31 日的借方余额为 60 000.00 元,这表明本公司收到了常州黄河有限公司偿还的前欠货款,进行会计核算时,应记入"应收账款——常州黄河有限公司"科目的贷方。

因此,该笔业务在会计数字化平台中应生成如下记账凭证。

23-2

记 账 凭 证

记字 23 号　　　　　2024 年 06 月 14 日　　　　　附单据张数　1　张

摘　　要	会计科目	借方金额	贷方金额
收回常州黄河有限公司前欠货款	银行存款——建行——2105678081	60 000.00	
收回常州黄河有限公司前欠货款	应收账款——常州黄河有限公司		60 000.00
合　计		60 000.00	60 000.00

审核:　　　　记账:　　　　出纳:　　　　制单:刘洪凯

【业务 24】 (共 2 张原始凭证,于 6 月 14 日取得)

24-1

　　电子发票(增值税专用发票)　　发票号码:24322000000003908623
开票日期:2024 年 06 月 14 日

购买方信息	名称:浙江河海股份有限公司 统一社会信用代码/纳税人识别号:91789400763198433G	销售方信息	名称:常州东升有限公司 统一社会信用代码/纳税人识别号:91320400763987654R			下载次数:1

项目名称	规格型号	单位	数量	单价	金额	税率/征收率	税额
*商用设备*B		件	2 000	100.000 000	200 000.00	13%	26 000.00
合　　计					¥200 000.00		¥26 000.00
价税合计(大写)	贰拾贰万陆仟元整			(小写)¥226 000.00			
备注							

开票人:林 玉

24-2

电子银行承兑汇票

出票日期 2024-06-10　　　　　　　　　　票据状态：已签收
汇票到期日 2024-09-10　　　　　　　　　票据号码：11054216060052024061500520 6705

出票人	全 称	浙江河海股份有限公司	收款人	全 称	常州东升有限公司
	账 号	09876444222		账 号	2105678081
	开户银行	工商银行杭州市分行		开户银行	建行常州新北区支行

票据金额	人民币(大写)	贰拾贰万陆仟元整	十亿千百十万千百十元角分 ￥ 2 2 6 0 0 0 0 0

承兑人信息	全称	工商银行杭州市分行	开户行行号	097656111
	账号	0	开户行名称	工商银行杭州市分行

交易合同号	202406001	承兑信息	出票人承诺：本汇票请予以承兑，到期无条件付款
能否转让	可转让		承兑人承诺：本汇票请予以承兑，到期无条件付款 承兑日期：2024-06-10

评价信息（由出票人、承兑人自行记载，仅供参考）	出票人	评级主体：	信用等级：	评级到期日：
	承兑人	评级主体：	信用等级：	评级到期日：

上述原始凭证中：

24-1是电子发票（增值税专用发票），该发票上"销售方信息"显示销售方是本公司，应作为销售方的记账依据。该原始凭证注明，"销售方信息"显示销售方是本公司，"购买方信息"显示购买方是浙江河海股份有限公司，"项目名称"是产品B，这表明本公司销售了产品B给浙江河海股份有限公司。而销售产品B是本公司的主营业务，因此，进行会计核算时，"金额"应记入"主营业务收入——B"科目的贷方，"税额"应记入"应交税费——应交增值税——销项税额"科目的贷方。

24-2是电子银行承兑汇票，该票据上"收款人"是本公司，应作为销售方结算货款的记账依据。该原始凭证注明，"收款人"是本公司，"出票人"是浙江河海股份有限公司，"出票日期"是2024年6月10日，"汇票到期日"是2024年9月10日，"出票金额"是226 000.00元，这表明本公司收到了一张由浙江河海股份有限公司开出的期限为3个月、金额为226 000.00元的银行承兑汇票。进行会计核算时，应记入"应收票据——浙江河海股份有限公司"科目的借方。

因此，该笔业务在会计数字化平台中应生成如下记账凭证。

24-3

记 账 凭 证

记字 24 号　　　　　　　　2024 年 06 月 14 日　　　　　　　　附单据张数　2　张

摘　要	会计科目	借方金额	贷方金额
销售产品B收到银行承兑汇票	应收票据——浙江河海股份有限公司	226 000.00	
销售产品B收到银行承兑汇票	主营业务收入——商品销售收入——B		200 000.00
销售产品B收到银行承兑汇票	应交税费——应交增值税——销项税额		26 000.00
合　计		226 000.00	226 000.00

审核：　　　　　　记账：　　　　　　出纳：　　　　　　制单：刘洪凯

【业务 25】（共 2 张原始凭证，于 6 月 14 日取得）

25-1

电子发票(增值税专用发票)　　　　

发票号码：24322000000007312765
开票日期：2024 年 06 月 14 日

购买方信息	名称：常州东升有限公司	销售方信息	名称：常州海通物流有限公司
	统一社会信用代码/纳税人识别号：91320400763987654R		统一社会信用代码/纳税人识别号：91320411740988912V

下载次数：1

项目名称	规格型号	单位	数量	单价	金额	税率/征收率	税额
*运输服务*运输费		次	1	917.430 000	917.43	9%	82.57
合　计					￥917.43		￥82.57

运输工具种类	运输工具牌号	起运地	到达地	运输货物名称
厢式货车	苏 D43325	常州	常州	B

价税合计(大写)	壹仟元整	(小写)￥1 000.00

备注	

开票人：程前

25-2

中国建设银行
转账支票存根
72096551
12972226

附加信息

出票日期 2024 年 6 月 14 日

收款人：	常州海通物流有限公司
金　额：	￥1 000.00
用　途：	销售运费
备　注：	（2105678081）

单位主管　　　　　会计

上述原始凭证中：

25-1 是电子发票（增值税专用发票），该发票上"购买方信息"显示购买方是本公司，应作为购买方的记账依据。该原始凭证注明，"购买方信息"显示购买方是本公司，"销售方信息"显示销售方是常州海通物流有限公司，"项目名称"是运输费，"运输货物名称"是 B，这表明本公司发生了销售产品 B 的运费。进行会计核算时，"金额"应记入"合同履约成本——运费"科目的借方，"税额"应记入"应交税费——应交增值税——进项税额"科目的借方。

25-2 是中国建设银行转账支票存根，应作为付款方支付款项的记账依据。该原始凭证注明，"收款人"是常州海通物流有限公司，"用途"是销售运费，账号为 2105678081，这表明本公司已将款项从账号为 2105678081 的基本户转出。进行会计核算时，应记入"银行存款——建行——2105678081"科目的贷方。

因此，该笔业务在会计数字化平台中应生成如下记账凭证。

25-3

记 账 凭 证

记字 25 号　　　　2024 年 06 月 14 日　　　　附单据张数　2 张

摘　要	会计科目	借方金额	贷方金额
支付销售运费	合同履约成本——运费——B	917.43	
支付销售运费	应交税费——应交增值税——进项税额	82.57	
支付销售运费	银行存款——建行——2105678081		1 000.00
合计		1 000.00	1 000.00

审核：　　　记账：　　　出纳：　　　制单：刘洪凯

【业务 26】 （共 1 张原始凭证，于 6 月 18 日取得）

26-1

电子发票（增值税专用发票）

发票号码：24322000000003908624
开票日期：2024 年 06 月 18 日

购买方信息	名称：苏州运城有限公司
	统一社会信用代码/纳税人识别号：91320500763198433Z

销售方信息	名称：常州东升有限公司
	统一社会信用代码/纳税人识别号：91320400763987654R

下载次数：1

项目名称	规格型号	单位	数量	单价	金额	税率/征收率	税额
*商用设备*A		件	1 500	300.000 000	450 000.00	13%	58 500.00
合 计					¥450 000.00		¥58 500.00
价税合计（大写）	伍拾万捌仟伍佰元整			（小写）¥508 500.00			
备注							

开票人：林 玉

上述原始凭证中：

26-1 是电子发票（增值税专用发票），该发票上"销售方信息"显示销售方是本公司，应作为销售方的记账依据。该原始凭证注明，"销售方信息"显示销售方是本公司，"购买方信息"显示购买方是苏州运城有限公司，"项目名称"是产品 A，这表明本公司销售了产品 A 给苏州运城有限公司。而销售产品 A 是本公司的主营业务，因此，进行会计核算时，"金额"应记入"主营业务收入——A"科目的贷方，"税额"应记入"应交税费——应交增值税——销项税额"科目的贷方。

同时，这笔销售业务中没有相关收款的原始凭证，而"合同负债——苏州运城有限公司"科目 2024 年 5 月 31 日的贷方余额为 508 500.00 元，这表明与本公司上述销售业务相关的款项已在上月预收，现已了结清算。进行会计核算时，应记入"合同负债——苏州运城有限公司"科目的借方。

因此，该笔业务在会计数字化平台中应生成如下记账凭证。

26-2

记 账 凭 证

记字 26 号　　　　　　　　2024 年 06 月 18 日　　　　　　附单据张数　1　张

摘　要	会计科目	借方金额	贷方金额
销售产品A，款已预收	合同负债——苏州运城有限公司	508 500.00	
销售产品A，款已预收	主营业务收入——商品销售收入——A		450 000.00
销售产品A，款已预收	应交税费——应交增值税——销项税额		58 500.00
合计		508 500.00	508 500.00

审核：　　　　　　记账：　　　　　　出纳：　　　　　　　　　　制单：刘洪凯

【业务 27】（共 2 张原始凭证，于 6 月 22 日取得）

27-1

中国银行股份有限公司常州分行贷款还息凭证

打印日期 2024 年 6 月 21 日

客户号：107622223			机构代码 301
借款单位：常州东升有限公司			
产生利息账号	还息金额	Osp 现有余额	备　注
234500000-90	510.00		合同号 1076222
金额合计	（大写）人民币伍佰壹拾元整　　　　　（小写）CNY＊＊＊510.00		
付款账号：2504538733　　合同编号：1076222　　交易业务号：301LAA654411114			

开票 周曼婷　　　　　记账　　　　　　复核　　　　　　（盖章）

（中国银行股份有限公司常州新北支行 转讫 2024.06.21）

27-2

电子发票(增值税普通发票)

发票号码：24322000000025699213
开票日期：2024年06月21日

购买方信息	名称：常州东升有限公司 统一社会信用代码/纳税人识别号：91320400763987654K	销售方信息	名称：中国银行股份有限公司常州分行 统一社会信用代码/纳税人识别号：913211028554830878

项目名称	规格型号	单位	数量	单价	金额	税率/征收率	税额
*金融服务*贷款服务			1	481.130 000	481.13	6%	28.87
合　　计					￥481.13		￥28.87

价税合计(大写)	伍佰壹拾元整	(小写)￥510.00

备注	

开票人：王　明

下载次数：1

上述原始凭证中：

27-1 是中国银行股份有限公司常州分行贷款还息凭证，此凭证应作为付款方支付利息的记账依据。该原始凭证注明，付款账号为2504538733，这表明本公司已从账号为2504538733的结算户支付了款项，进行会计核算时，应记入"银行存款——中行——2504538733"科目的贷方；同时，"产生利息账号"234500000-90及合同编号与[业务3]中的"贷款户账号"及合同编号一致，这表明本公司支付的是[业务3]中短期借款的利息。

27-2 是电子发票(增值税专用发票)，该发票上"购买方信息"是本公司，应作为购买方的记账依据。该原始凭证注明，"购买方信息"是本公司，根据中国银行股份有限公司常州分行规定，提供贷款服务的增值税发票一律由分行统一开具，因而"销售方信息"是中国银行股份有限公司常州分行，"项目名称"栏是贷款服务，结合27-1，这表明本公司向中国银行常州新北区支行借款产生了利息支出。进行会计核算时，应记入"应付利息——短期借款——中行"科目的借方。

因此，该笔业务在会计数字化平台中应生成如下记账凭证。

27-3

记 账 凭 证

记字 27 号　　　　　　　　2024 年 06 月 22 日　　　　　　　附单据张数　2 张

摘　要	会计科目	借方金额	贷方金额
支付中国银行短期借款利息	应付利息——短期借款——中行	510.00	
支付中国银行短期借款利息	银行存款——中行——2504538733		510.00
合计		510.00	510.00

审核：　　　　　　　记账：　　　　　　　出纳：　　　　　　　制单：刘洪凯

【业务 28】（共 2 张原始凭证，于 6 月 22 日取得）

28-1

中国建设银行客户专用回单

币别：人民币　　　　　　　　2024 年 06 月 21 日

户名：常州东升有限公司			账号：2105678081		
计息项目	起息日	结息日	本金/积数	利率（%）	利息
活期利息	20240521	20240621	略	略	￥2 015.00
合计(大写)贰仟零壹拾伍元整					￥2 015.00
上述存款利息,已照收你单位 2105678081 账户			打印柜员：Z19999 打印机构： 打印卡号： 　　　　　银行签章		

28-2

中国银行计付存款利息清单（收款通知）

机构名称：中国银行常州新北区支行　2024年06月21日

账　　号	2504538733				
单位名称	常州东升有限公司				
起息日	结息日	天　数	积　数	利　率(%)	利息金额
2024.03.21	2024.06.21	（略）	（略）		205.00
摘　　要					

（中国银行股份有限公司常州新北支行 2024.06.21 转讫）

上述原始凭证中：

28-1是中国建设银行客户专用回单，该原始凭证注明，"单位名称"是本公司，"账号"为"2105678081"，"计息项目"是活期存款，这表明本公司收到了账号为2105678081基本户的利息。进行会计核算时，应记入"银行存款——建行——2105678081"科目的借方。

28-2是中国银行计付存款利息清单（收款通知），应作为收款方收到款项的记账依据。该原始凭证注明，"单位名称"是本公司，"账号"为"2504538733"，这表明本公司收到了账号为2504538733借款结算户的利息。进行会计核算时，应记入"银行存款——中行——2504538733"科目的借方。

同时，28-1和28-2表明本公司收到的均为存款利息收入，进行会计核算时，"利息金额"均应记入"财务费用——利息收入"科目的借方，且以负数列示。

因此，该笔业务在会计数字化平台中应生成如下记账凭证。

28-3

记　账　凭　证

记字 28 号　　　　2024 年 06 月 22 日　　　　附单据张数　2 张

摘　　要	会计科目	借方金额	贷方金额
收到银行存款利息	银行存款——建行——2105678081	2 015.00	
收到银行存款利息	银行存款——中行——2504538733	205.00	
收到银行存款利息	财务费用——利息收入	－2 220.00	
合计		0	0

审核：　　　　记账：　　　　出纳：　　　　制单：刘洪凯

【业务29】 （共1张原始凭证，于6月22日取得）

29-1

借 款 单

2024年6月21日　　　　　　　　　　　　　　　　　　No.32010011

借款人：王玉	所属部门：行政部
借款用途：差旅费	
借款数额：人民币（大写）壹仟元整　　　　　　　￥1 000.00	
部门负责人审批：李映红　2024年6月21日	借款人（签章）：王玉　2024年6月21日
财务部门审核：丁小林　2024年6月21日	
单位负责人批示：同意借款	现金付讫　签字：周海波　2024年6月21日
核销记录：	

（第一联　付款联）

上述原始凭证中：

29-1是借款单的第一联付款联，此联应作为付款方支付款项的记账依据。该原始凭证注明，"借款人"是王玉，"所属部门"是行政部，"借款用途"是差旅费，这表明本公司行政部职工王玉预借了差旅费，进行会计核算时，"借款数额"应记入"其他应收款——王玉"科目的借方；同时，该凭证上盖有"现金付讫"章，这表明该款项已用现金支付，进行会计核算时，应记入"库存现金"科目的贷方。

因此，该笔业务在会计数字化平台中应生成如下记账凭证。

29-2

记 账 凭 证

记字 29 号　　　　　　　　　2024年06月22日　　　　　　　附单据张数　1　张

摘　要	会计科目	借方金额	贷方金额
行政部职工王玉预借差旅费	其他应收款——王玉	1 000.00	
行政部职工王玉预借差旅费	库存现金		1 000.00
合计		1 000.00	1 000.00

审核：　　　　记账：　　　　出纳：　　　　制单：刘洪凯

【业务30】 （共2张原始凭证，于6月22日取得）

30-1

中国建设银行客户专用回单

币别：人民币　　　　2024年06月22日　　　流水号 320620027J0500810012

汇款人	全　称	江苏新龙有限公司	收款人	全　称	常州东升有限公司
	账　号	8761176111		账　号	2105678081
	开户行	工行南京分行		开户行	建行常州新北区支行
金　额		（大写）人民币捌万元整			（小写）¥80 000.00
凭证种类		电汇凭证	凭证号码		
结算方式		电子汇划汇入	用　途		转账存入
附　言：					

打印柜员：320628736AJ1
打印机构：新区支行
打印卡号：9553301260105394

打印时间：2024-06-22　　交易柜员：B01B03000005　　交易机构：320620027

（贷方回单）

30-2

收 款 收 据

No 2300112

日期：2024年6月22日

交款单位	江苏新龙有限公司	收款方式	转账
人民币(大写)	捌万元整		¥80 000.00
收款事由	预收货款		

银行收讫　2024年6月22日

单位盖章　财会主管　记账　出纳　审核　经办

金文新

第二联　记账联

上述原始凭证中：

30-1是中国建设银行客户专用回单的贷方回单联，此联作为收款方收到款项的记账依据。该原始凭证注明，"付款人"是江苏新龙有限公司，"收款人"是本公司，账号为2105678081，这表明本公司账号为2105678081的基本户收到了江苏新龙有限公司支付的款项。进行会计核算时，应记入"银行存款——建行——2105678081"科目的借方。

30-2是收款收据的第二联记账联，此联也应作为收款方收到款项的记账依据。该原始凭证注明，"交款单位"是江苏新龙有限公司，"收款事由"是预收货款，这表明本公司预收了江苏新龙有限公司的货款。进行会计核算时,应记入"合同负债——江苏新龙有限公司"科目的贷方。

因此,该笔业务在会计数字化平台中应生成如下记账凭证。

30-3

记 账 凭 证

记字 30 号　　　　　　2024 年 06 月 22 日　　　　　　附单据张数　2 张

摘　　要	会计科目	借方金额	贷方金额
预收江苏新龙有限公司货款	银行存款——建行——2105678081	80 000.00	
预收江苏新龙有限公司货款	合同负债——江苏新龙有限公司		80 000.00
合　　计		80 000.00	80 000.00

审核:　　　　　记账:　　　　　出纳:　　　　　　　　制单:刘洪凯

【业务31】（共3张原始凭证,于6月22日取得）

31-1

电子发票（增值税专用发票）

发票号码:24322000000002712685
开票日期:2024 年 06 月 22 日

下载次数:1

购买方信息	名称:常州东升有限公司	销售方信息	名称:金坛上林设备有限公司
	统一社会信用代码/纳税人识别号:91320400763987654K		统一社会信用代码/纳税人识别号:91320400126533351M

项目名称	规格型号	单位	数量	单价	金额	税率/征收率	税额
*其他机械设备*K		台	1	50 000.000 000	50 000.00	13%	6 500.00
合　　计					¥50 000.00		¥6 500.00
价税合计（大写）	伍万陆仟伍佰元整				（小写）¥56 500.00		
备注							

开票人:万小平

31-2

新增固定资产登记表

2024 年 6 月 22 日

固定资产名称	种 类	单位	数量	购入日期	投入使用日期	使用部门
设备K	机器设备	台	1	2024年6月22日	2024年6月22日	车间

制表人：刘婷　　　　　　　　　　复核人：周清

31-3

中国建设银行客户专用回单

币别：人民币　　　　　2024 年 06 月 22 日　　　　流水号 320620027J0500810252

付款人	全　称	常州东升有限公司	收款人	全　称	金坛上林设备有限公司
	账　号	2105678081		账　号	97227222211
	开户行	建行常州新北区支行		开户行	工行常州金坛支行
金　额	（大写）人民币伍万陆仟伍佰元整			（小写）￥56 500.00	
凭证种类	电子转账凭证		凭证号码		
结算方式	转账		用　途	货款	

打印柜员：320628736A01
打印机构：新北区支行
打印卡号：9553301260105394

（借方回单）

打印时间：2024-06-22　　交易柜员：A01B01000009　　交易机构：320620027

上述原始凭证中：

31-1 是电子发票（增值税专用发票），该发票上"购买方信息"显示购买方是本公司，应作为购买方的记账依据。该原始凭证注明，"购买方信息"显示购买方是本公司，"销售方信息"显示销售方是金坛上林设备有限公司，"项目名称"是 K，这表明本公司从金坛上林设备有限公司购买了设备 K。

31-2 是新增固定资产登记表，此表应作为固定资产增加的记账依据。该原始凭证注明，"固定资产名称"是设备 K，"种类"是机器设备，"使用部门"是车间，"购入日期"与"投入使用日期"均为 2024 年 6 月 22 日，这表明本公司的车间新投入使用 1 台不需要安装的设备 K。结合 31-1，进行会计核算时，"金额"应记入"固定资产——设备 K"科目的借方，"税额"应记入"应交税费——应交增值税——进项税额"科目的借方。

31-3 是中国建设银行客户专用回单的借方回单联，此联应作为付款方支付款项的记账依据。该原始凭证注明，"付款人"是本公司，"收款人"是金坛上林设备有限公司，"用途"是货款,账号为2105678081,"凭证种类"是电子转账凭证的,结算方式就是网银,这表明本公司已将款项通过网银方式从账号为2105678081的基本户转出。进行会计核算时,应记入"银行存款——建行——2105678081"科目的贷方。

因此,该笔业务在会计数字化平台中应生成如下记账凭证。

31-4

记 账 凭 证

记字 31 号　　　　　　　　　2024 年 06 月 22 日　　　　　　　　附单据张数　3　张

摘　要	会计科目	借方金额	贷方金额
购入设备K,款付	固定资产——设备K	50 000.00	
购入设备K,款付	应交税费——应交增值税——进项税额	6 500.00	
购入设备K,款付	银行存款——建行——2105678081		56 500.00
合计		56 500.00	56 500.00

审核:　　　　　　记账:　　　　　　出纳:　　　　　　　　制单:刘洪凯

【业务32】（共1张原始凭证,于6月22日取得）

32-1

董 事 会 决 议

全体董事经审议,一致通过如下决议:本公司截至2023年12月31日的未分配利润为1 283 300.99元,现向全体股东分配现金股利300 000.00元,按出资比例分配。

董事签名：孙红林　李长兵

2024年6月22日

上述原始凭证中：

32-1是常州东升有限公司2023年度董事会决议,此决议应作为本公司利润分配的记账依据。该原始凭证注明的内容表明,本公司应向全体股东分配现金股利300 000.00元,进行会计核算时,应记入"利润分配——应付现金股利"科目的借方;同时,本业务中没有实际支付现金股利的原始凭证,因此,进行会计核算时,应分配的现金股利根据出资比例,分别记入"应付股利——常州东方投资有限公司"科目和"应付股利——常州东林股份有限公司"科目的贷方。

因此,该笔业务在会计数字化平台中应生成如下记账凭证。

32-2

记 账 凭 证

记字 *32* 号　　　　　　　　　*2024* 年 *06* 月 *22* 日　　　　　　　附单据张数　*1*　张

摘　　要	会计科目	借方金额	贷方金额
宣告分配利润	*利润分配——应付现金股利*	300 000.00	
宣告分配利润	*应付股利——常州东方投资有限公司*		90 000.00
宣告分配利润	*应付股利——常州东林股份有限公司*		210 000.00
合　计		300 000.00	300 000.00

审核：　　　　　　记账：　　　　　　出纳：　　　　　　制单：*刘洪凯*

【业务33】（共7张原始凭证，于6月23日取得）

33-1

差 旅 费 报 销 单

2024 年 *6* 月 *23* 日

姓名	*王 玉*		工作部门		*行政部*		出差事由			*公务活动*		
日　期		地　点		车 船 费		深夜补贴	途中补贴	住勤费			旅馆费	公交费	金额合计
起	讫	起	讫	车次或船名	时间	金额			地区	天数	补贴			
22	23	*常州*	*南京*			180			*南京*	2	200	420		800.00

报销金额(大写)	*捌佰元整*	￥800.00
补付金额：	退回金额：￥200.00	

领导批准 *周海波*　　会计主管 *丁小林*　　部门负责人 *李映红*　　审核 *丁小林*　　报销人 *王 玉*

33-2

江苏增值税专用发票　　NO.23776541

发票联

开票日期：2024年06月23日

购买方	名　称： 常州东升有限公司 纳税人识别号：91320400763987654R 地址、电话：河海西路90号　85333930 开户行及账号：建行常州新北区支行　2105678081	密码区	750066＜98/198533204＋＜63＋＜ 64＜—＞876＊98＜/8765/＞＋216 ＞2＞612－＋47561＜＞＋782－/ 5432＜4＊－62＞＞＞01	加密版本：01

货物或应税劳务、服务名称	规格型号	单位	数量	单价	金额	税率	税额
*住宿服务*住宿费		天	1	396.23	396.23	6%	23.77
合　计					￥396.23		￥23.77

价税合计（大写）	肆佰贰拾元整	（小写）￥420.00

销售方	名　称：明月轻旅连锁酒店 纳税人识别号：913214001265302526 地址、电话：长江路13号　83409933 开户行及账号：工行南京支行　97227204287	备注	（销售方章：明月轻旅连锁酒店 913214001265302526）

收款人：　　　　复核：　　　　开票人：邹加　　　　销售方：（章）

33-3

```
R822027                    检票：二层1号检票口

   常州   站  G7136 次  南京   站
   Changzhou  →         Nanjing

   2024年6月22日 9:50开  3车15C号

   ￥90元    网折    一等座

   限乘当日当次车

   3204021982****3137  王玉

   ┌─────────────────────────────┐
   │ 买票请到12306  发货请到95306 │
   │                              │
   │    中国铁路祝您旅途愉快      │
   └─────────────────────────────┘

   238192102505R22170532        常州售
```

33-4

R412767　　　　　　　检票：二层3号检票口

南京站　G7075次　常州　站

Nanjing→　　　　　Changzhou

2024年6月23日 12:30开　6车17A号

￥90元　　网折　　一等座

限乘当日当次车

3204021982****3137　王玉

买票请到12306 发货请到95306

中国铁路祝您旅途愉快

23819210250 5R22157543　　　南京售

33-5

江苏增值税专用发票　NO.23776541

 3200032021

3200032021
23776541

抵扣联

开票日期：2024年06月22日

购买方	名　　称：常州东升有限公司 纳税人识别号：91320400763987654R 地　址、电话：河海西路90号　85333930 开户行及账号：建行常州新北区支行　2105678081	密码区	750066＜98/198533204＋＜63＜＋ 64＜－＞876＊98＜/8765/＞＋216 ＞2＞612－＋47561＜＞＋782－/ 5432＜4＊－62＞＞＞01	加密版本：01 3200032021 23776541

货物或应税劳务、服务名称	规格型号	单位	数量	单价	金　额	税率	税　额
*住宿服务*住宿费		天	1	396.23	396.23	6%	23.77
合　计					￥396.23		￥23.77

价税合计（大写）　肆佰贰拾元整　　　　　　　　　　（小写）￥420.00

销售方	名　　称：明月轻旅连锁酒店 纳税人识别号：913214001265302526 地　址、电话：长江路13号　83409933 开户行及账号：工行南京支行　97227204287	备注	明月轻旅连锁酒店 913214001265302526 销售方（章）

收款人：　　　复核：　　　开票人：邹加　　　销售方：（章）

第二联　抵扣联　购买方扣税凭证

33-6

收 款 收 据   No. 2300113

日期：2024 年 6 月 23 日

交款单位 王玉　　　　　　　收款方式 现金

人民币(大写) 贰佰元整　　　　　　　￥200.00

收款事由 报销差旅费多余现金退回

现金收讫

2024 年 6 月 23 日

第二联 记账联

单位盖章　　财会主管　　记账　　出纳 金文新　　审核　　经办

33-7

借 款 单

2024 年 6 月 21 日　　　　　　　　　　No. 32010011

借款人：王玉　　　　　　　　所属部门：行政部

借款用途：差旅费

借款数额：人民币(大写) 壹仟元整　　　　　￥1 000.00

部门负责人审批：李映红 2024 年 6 月 21 日　　借款人(签章)：王玉 2024 年 6 月 21 日

财务部门审核：丁小林 2024 年 6 月 21 日

单位负责人批示：同意借款　　　　　　　签字：周海波 2024 年 6 月 21 日

核销记录：已于 6 月 23 日报销差旅费，退回 200 元，已结清

第二联 结算联

上述原始凭证中：

33-1 是差旅报销单，此单应作为本公司确认费用的记账依据。该原始凭证注明，"姓名"是王玉，"工作部门"是行政部，"报销金额"是 800.00 元，这表明管理部门职工王玉出差回来报销了差旅费。进行会计核算时，"报销金额"应记入"管理费用——差旅费"科目的借方。

33-2 是江苏增值税专用发票的第三联发票联，此联应作为购买方的记账依据。该原始凭证注明，"购买方"是本公司，"销售方"是明月轻旅连锁酒店，"货物或应税劳务、服务名称"栏是住宿费，这表明本公司发生了住宿费。

33-3 是常州到南京的火车票，此票应作为本公司确认费用的依据。该原始凭证注明了行程的往返信息、票价及王玉的身份信息，这表明王玉发生了火车费。

33-4 是南京到常州的火车票，此票应作为本公司确认费用的依据。该原始凭证注明了

行程的往返信息、票价及王玉的身份信息,这表明王玉发生了火车费。

自 2019 年 4 月 1 日起,根据《关于深化增值税改革有关政策的公告》(财政部 税务总局 海关总署公告 2019 年第 39 号 印发)第六条第(一)项第 3 点规定,取得注明旅客身份信息的铁路车票的,按照下列公式计算进项税额:铁路旅客运输进项税额=票据金额÷(1+9%)×9%,因此,根据 33-3 和 33-4 的票据金额,该火车票进项税额=90÷(1+9%)×9%=7.43(元);结合表 33-1 至 33-4,进行会计核算时,"税额"38.63 元(7.43×2+23.77)应记入"应交税费——应交增值税——进项税额"科目的借方,"报销金额"和"税额"的差额记入"管理费用——差旅费"科目的借方。

33-5 是江苏增值税专用发票的第二联抵扣联,此联应作为购买方抵扣进项税额的依据。该抵扣联不能作为记账凭证的附件,应单独装订保管,以备税务机关查验。

33-6 是收款收据的第二联记账联,此联应作为收款方收到款项的记账依据。该原始凭证注明,"交款单位"是王玉,"收款方式"是现金,同时加盖了"现金收讫章","收款事由"是报销差旅费多余现金退回,这表明本公司已收到管理部门职工王玉报销差旅费时退回的现金。进行会计核算时,退回金额应记入"库存现金"科目的借方。

33-7 是借款单的第二联结算联,此联应作为本公司结算借款时的记账依据。该原始凭证注明的内容表明,王玉已于 6 月 23 日结清其预借的差旅费。进行会计核算时,"借款数额"应记入"其他应收款——王玉"科目的贷方。

因此,该笔业务在会计数字化平台中应生成如下记账凭证。

33-8

记 账 凭 证

记字 *33* 号　　　　　　2024 年 06 月 23 日　　　　　　附单据张数 *6* 张

摘　要	会计科目	借方金额	贷方金额
王玉报销差旅费	管理费用——差旅费	761.37	
王玉报销差旅费	应交税费——应交增值税——进项税额	38.63	
王玉报销差旅费	库存现金	200.00	
王玉报销差旅费	其他应收款——王玉		1 000.00
合计		1 000.00	1 000.00

审核:　　　　　　记账:　　　　　　出纳:　　　　　　制单:*刘洪凯*

【业务 34】　(共 1 张原始凭证,于 6 月 23 日取得)

34-1

江苏省常州市中级人民法院破产公告

申请人常州东升有限公司申请被申请人常州长宏有限公司破产还债一案,本院经审理查明,被申请人已停止经营,且严重资不抵债并不能清偿到期债务呈连续状态,符合破产条件,经核查,该单位的财产已无法支付清理费用。依据《中华人民共和国民事诉讼法》第一百九十九条、第二百零一条之规定,本院于2024年6月20日裁定宣告被申请人破产。

特此公告

江苏省常州市中级人民法院

二〇二四年六月二十三日

上述原始凭证中:

34-1是江苏省常州市中级人民法院破产公告,此公告应作为债权人核销应收款项的记账依据。该原始凭证注明的内容表明,因为常州长宏有限公司被宣告破产,所以其前欠的货款已无法收回,进行会计核算时,应记入"应收账款——常州长宏有限公司"科目的贷方;同时,应收款项无法收回的事实表明坏账损失已经实际发生,应冲减坏账准备,进行会计核算时,记入"坏账准备——应收账款坏账准备"科目的借方。

因此,该笔业务在会计数字化平台中应生成如下记账凭证:

34-2

记 账 凭 证

记字 34 号　　　　　2024 年 06 月 23 日　　　　　附单据张数　1　张

摘　要	会计科目	借方金额	贷方金额
确认坏账	坏账准备——应收账款坏账准备	4 000.00	
确认坏账	应收账款——常州长宏有限公司		4 000.00
合计		4 000.00	4 000.00

审核:　　　　记账:　　　　出纳:　　　　　　　制单:刘洪凯

【业务35】 (共2张原始凭证,于6月23日取得)

35-1

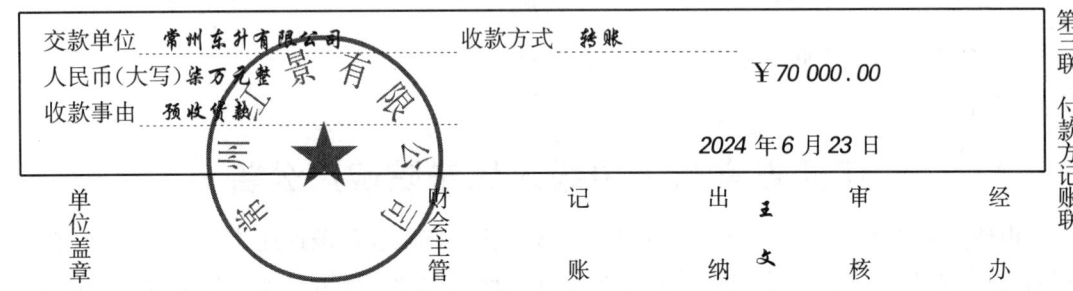

35-2

中国建设银行
转账支票存根
72096551
12972228

附加信息

出票日期 *2024* 年 *6* 月 *23* 日

收款人：	*常州红景有限公司*
金　额：	*￥70 000.00*
用　途：	*预付货款*
备　注：	（*2105678081*）

单位主管　　　　　　会计

上述原始凭证中：

35-1 是收款收据的第三联付款方记账联，此联应作为付款方支付款项的记账依据。该原始凭证注明，"交款单位"是本公司，"收款方式"是转账，"收款事由"是预收货款，这表明本公司已向常州红景有限公司预付了货款。进行会计核算时，应记入"预付账款——常州红景有限公司"科目的借方。

35-2 是中国建设银行转账支票存根，也应作为付款方支付款项的记账依据。该原始凭证注明，"收款人"是常州红景有限公司，"用途"是预付货款，账号为 2105678081，这表明本公司已将款项从账号为 2105678081 的基本户转出。进行会计核算时，应记入"银行存款——建行——2105678081"科目的贷方。

因此，该笔业务在会计数字化平台中应生成如下记账凭证。

35-2

记 账 凭 证

记字 *35* 号　　　　2024 年 06 月 23 日　　　　附单据张数　*2*　张

摘　要	会计科目	借方金额	贷方金额
预付常州红景有限公司货款	预付账款——常州红景有限公司	70 000.00	
预付常州红景有限公司货款	银行存款——建行——2105678081		70 000.00
合计		70 000.00	70 000.00

审核：　　　　记账：　　　　出纳：　　　　制单：*刘洪凯*

【业务36】 （共2张原始凭证，于6月25日取得）

36-1

收款收据

No 0002045

日期：2024 年 6 月 25 日

交款单位 _张明_　　　　收款方式 _现金_
人民币（大写）_玖佰零肆元整_　　￥_904.00_
收款事由 _甲材料销售款_

（现金收讫章）

| 单位盖章 | 财会主管 | 记账 | 出纳 | 审核 | 经办 |

36-2

电子发票（增值税普通发票）

发票号码：24322000000004218665
开票日期：2024 年 06 月 25 日

购买方信息	名称：张明 统一社会信用代码/纳税人识别号：320421009197809192314								
销售方信息	名称：常州东升有限公司 统一社会信用代码/纳税人识别号：91320400763987654R								
项目名称	规格型号	单位	数量	单价	金额	税率/征收率	税额
*金属商品*甲		千克	60	13.333400	800.00	13%	104.00
合　计					￥800.00		￥104.00
价税合计（大写）	玖佰零肆元整				（小写）￥904.00		
备注							

开票人：林玉

上述原始凭证中：

36-1是收款收据的第二联记账联，此联应作为收款方收到款项的记账依据。该原始凭证注明，"交款人"是"张明"，"收款方式"是现金，同时加盖了"现金收讫"章，这表明本公司收到了现金，进行会计核算时，应记入"库存现金"科目的借方。

36-2是电子发票（增值税普通发票），该发票上"销售方信息"显示销售方是本公司，应作为销售方的记账依据。该原始凭证注明，"销售方信息"显示销售方是本公司，"购买方信息"显示购买方是张明,"项目名称"是甲,这表明本公司销售了材料甲给张明。而销售材料甲不是本公司的主营业务,因此,进行会计核算时,"金额"应记入"其他业务收入——材料销售收入——甲"科目的贷方,"税额"应记入"应交税费——应交增值税——销项税额"科目的贷方。

因此,该笔业务在会计数字化平台中应生成如下记账凭证。

36-3

记 账 凭 证

记字 36 号　　　　　　2024 年 06 月 25 日　　　　　　附单据张数　2　张

摘　要	会计科目	借方金额	贷方金额
向刘海销售材料,收到现金	库存现金	904.00	
向刘海销售材料,收到现金	其他业务收入——材料销售收入——甲		800.00
向刘海销售材料,收到现金	应交税费——应交增值税——销项税额		104.00
合计		904.00	904.00

审核:　　　　　记账:　　　　　出纳:　　　　　制单:刘洪凯

【业务37】（共1张原始凭证,于6月25日取得）

37-1

中国建设银行　现金解款单

币别:人民币　　　　　2024 年 6 月 25 日　　　　　流水号:7665432222221

单位填写	收款单位	常州东升有限公司	交款人	常州东升有限公司	第二联 客户回单
	账　号	2105678081	款项来源	销售材料	

（大写）玖佰零肆元整　　　　　　亿千百十万千百十元角分
　　　　　　　　　　　　　　　　￥　　　　　9 0 4 0 0

银行确认栏:
会计确认栏:收款账号:2105678081
　　　　　收款人户名:常州东升有限公司
　　　　　缴款人名称:常州东升有限公司

交易码　　　收付　　　金额
10111861　　收　　　904.00
　　　　收入金额:904.00
　　　　实收金额:904.00
　　　　交易日期　2024.06.25

（中国建设银行股份有限公司　新北区支行　业务专用章）

现金回单(无银行打印记录及银行签章此单无效)

主管:　　　授权:　　　复核:　　　经办:

上述原始凭证中:

37-1是中国建设银行现金解款单的第二联客户回单联,此联应作为本公司存入现金的记账依据。该原始凭证注明,"收款单位"是本公司,"账号"为 2105678081,这表明本公司的账号为 2105678081 的基本户收到了款项,进行会计核算时,应记入"银行存款——建行——2105678081"科目的借方;同时,"交款人"也是本公司,"款项来源"是销售材料,这表明本公司将销售材料收到的现金存入银行,进行会计核算时,应记入"库存现金"科目的贷方。

因此,该笔业务在会计数字化平台中应生成如下记账凭证。

37-2

记 账 凭 证

记字 37 号　　　　　　2024 年 06 月 25 日　　　　　　附单据张数　1 张

摘　要	会计科目	借方金额	贷方金额
存入现金	银行存款——建行——2105678081	904.00	
存入现金	库存现金		904.00
合计		904.00	904.00

审核:　　　　记账:　　　　出纳:　　　　制单:刘洪凯

【业务 38】 (共 2 张原始凭证,于 6 月 28 日取得)

38-1

电子发票(增值税专用发票)　　　发票号码:24322000000007623626
　　　　　　　　　　　　　　　　　开票日期:2024 年 06 月 28 日

国家税务总局
江苏省税务局

购买方信息	名称:常州东升有限公司							
	统一社会信用代码/纳税人识别号:91320400763987654R							
销售方信息	名称:常州人和维修公司							
	统一社会信用代码/纳税人识别号:91320411774434356							
项目名称	规格型号	单位	数量	单价	金额	税率/征收率	税额
*劳务*设备维修费		台	10	1 000.000 000	10 000.00	13%	1 300.00
合　计					¥10 000.00		¥1 300.00
价税合计(大写)	壹万壹仟叁佰元整			(小写)¥11 300.00			
备注							

下载次数:1

开票人:金　鑫

38-2

中国建设银行
转账支票存根
72096551
12972229

附加信息

出票日期 *2024* 年 *6* 月 *28* 日

收款人：	*常州人和维修公司*
金　额：	￥*11 300.00*
用　途：	*行政部设备修理费*
备　注：	（*2105678081*）

单位主管　　　　　　　　会计

上述原始凭证中：

38-1是电子发票（增值税专用发票），该发票上"购买方信息"显示购买方是本公司，应作为购买方的记账依据。该原始凭证注明，"购买方信息"显示购买方是本公司，"销售方信息"显示销售方是常州人和维修公司，"项目名称"是设备维修费，这表明常州人和维修公司为本公司维修了设备。38-2用途写明是行政部设备修理费，结合38-1和38-2进行会计核算时，"金额"应记入"管理费用——维修费"科目的借方，"税额"应记入"应交税费——应交增值税——进项税额"科目的借方。

38-2是中国建设银行转账支票存根，应作为付款方支付款项的记账依据。该原始凭证注明，"收款人"是常州人和维修公司，"用途"是行政部设备修理费，账号为2105678081，这表明本公司已将款项从账号为2105678081的基本户转出。进行会计核算时，应记入"银行存款——建行——2105678081"科目的贷方。

因此，该笔业务在会计数字化平台中应生成如下记账凭证。

38-3

记 账 凭 证

记字 38 号　　　　　　　2024 年 06 月 28 日　　　　　　　附单据张数　2 张

摘　要	会计科目	借方金额	贷方金额
支付行政部设备修理费	管理费用——维修费	10 000.00	
支付行政部设备修理费	应交税费——应交增值税——进项税额	1 300.00	
支付行政部设备修理费	银行存款——建行——2105678081		11 300.00
合计		11 300.00	11 300.00

审核：　　　　　记账：　　　　　出纳：　　　　　　　　　制单：刘洪凯

【业务39】（共1张原始凭证，于6月28日取得）

39-1

上述原始凭证中：

39-1 是收款收据的第二联记账联，此联应作为收款方收到款项的记账依据。该原始凭证注明，"收款方式"是现金，这表明本公司收到了现金，进行会计核算时，应记入"库存现金"科目的借方；同时，"交款单位"是职工刘小成，"收款事由"是罚款，这表明本公司收到的是职工刘小成的罚款，进行会计核算时，应记入"营业外收入——罚款收入"科目的贷方。

因此，该笔业务在会计数字化平台中应生成如下记账凭证。

39-2

记 账 凭 证

记字 39 号　　　2024 年 06 月 28 日　　　附单据张数　1 张

摘　要	会计科目	借方金额	贷方金额
收到刘小成交来的罚款	库存现金	200.00	
收到刘小成交来的罚款	营业外收入——罚款收入		200.00
合计		200.00	200.00

审核：　　　　记账：　　　　出纳：　　　　制单：刘洪凯

【业务 40】（共 5 张原始凭证，于 6 月 29 日取得）

40-1

40-2

江苏增值税专用发票   NO.40132143

3200098220
40132143

发票联

开票日期：2024年06月29日

购买方	名　　称	常州东升有限公司		密码区	25556<98/198533204+<63<+64 <->876*98</8765/>+-16 >2>7/3-+47561<>+782- /5432<4*-62>>>-8	加密版本：01 3200098220 40132143
	纳税人识别号	91320400763987654R				
	地址、电话	河海西路90号　85222930				
	开户行及账号	建行常州新北区支行　2105678081				

货物及应税劳务、服务的名称	规格型号	单位	数量	单价	金额	税率	税额
*水冰雪*自来水		吨	650	2.028 307 692	1 318.40	3%	39.55
合　　计					¥1 318.40		¥39.55

价税合计（大写）	壹仟叁佰伍拾柒元玖角伍分		（小写）¥1 357.95

销售方	名　　称	常州通用自来水有限公司	备注	
	纳税人识别号	91320400137160873Q		
	地址、电话	局前街1号　88744487		
	开户行及账号	中行常州分行　76541111121		

收款人：　　　复核：　　　开票人：张洁　　　销售方：（章）

第三联 发票联 购买方记账凭证

40-3

江苏增值税普通发票   NO.06091041

3200098110
06091041

发票联

开票日期：2024年06月29日

购买方	名　　称	常州东升有限公司		密码区	25556<98/198533204+<63<+64 <->876*98</8765/>+-16 >2>7/3-+47561<>+782-/ 5432<4*-62>>>-8	加密版本：01 3200098110 06091041
	纳税人识别号	91320400763987654R				
	地址、电话	河海西路90号　85333930				
	开户行及账号	建行常州新北区支行　2105678081				

货物或应税劳务、服务名称	规格型号	单位	数量	单价	金额	税率	税额
*水冰雪*污水处理费		吨	650	1.35	877.50	0%	***
合　　计					¥877.50		¥0

价税合计（大写）	捌佰柒拾柒元伍角整		（小写）¥877.50

销售方	名　　称	常州通用自来水有限公司	备注	
	纳税人识别号	91320400137160873Q		
	地址、电话	局前街1号　88744487		
	开户行及账号	中行常州分行　76541111121		

收款人：　　　复核：　　　开票人：张洁　　　销售方：（章）

第二联 发票联 购买方记账凭证

40-4

水 费 分 配 表

2024 年 6 月 29 日 金额单位:元

部　　门	用水量(m³)	自来水单价	自来水分配金额	污水处理费单价	污水处理费分配金额	合计分配金额
车间	384.808	2.028 307 692	780.51	1.35	519.49	1 300.00
管理部门	265.192	2.028 307 692	537.89	1.35	358.01	895.90
合计	650.00		1 318.40		877.50	2 195.90

编制：赵小蕾　　　　　　　　　　　　　　　审核：丁小林

40-5

中国建设银行
转账支票存根
72096551
12972230

附加信息 _____
_____

出票日期 *2024 年 6 月 29 日*

收款人：常州通用自来水有限公司
金　额：￥2 235.45
用　途：水费
备　注：(2105678081)
单位主管　　　　　会计

上述原始凭证中：

40-1 是江苏增值税专用发票的第二联抵扣联,此联应作为购买方抵扣进项税额的依据。该抵扣联不能作为记账凭证的附件,应单独装订保管,以备税务机关查验。

40-2 是江苏增值税专用发票的第三联发票联,此联是购买方的记账依据。该原始凭证注明,"购买方"是本单位,"销售方"是常州通用自来水有限公司,"货物或应税劳务、服务名称"栏是自来水,表明本公司在生产经营过程中使用了自来水。

40-3 是江苏增值税普通发票的第二联发票联,此联也应作为购买方的记账依据。该原始凭证注明,"户名"是本公司,这也表明本公司在生产经营过程中使用了自来水。根据 40-1、40-2、40-3 进行会计核算时,"金额"的合计数应根据具体使用部门分配记入成本、费用相关科目,"税额"应记入"应交税费——应交增值税——进项税额"科目的借方。

40-4 是水费分配表,此表应作为分配水费的记账依据。该原始凭证注明的内容表明,车间分配的金额,进行会计核算时,应记入"制造费用——水费"科目的借方;管理部门分配的金额,进行会计核算时,应记入"管理费用——水电费"科目的借方。

40-5 是中国建设银行转账支票存根,应作为付款方支付款项的记账依据。该原始凭证注明,"收款人"是常州通用自来水有限公司,"用途"水费,账号为2105678081,这表明本公司已将款项从账号为2105678081的基本户转出。进行会计核算时,应记入"银行存款——建行——2105678081"科目的贷方。

因此,该笔业务在会计数字化平台中应生成如下记账凭证。

40-6

记 账 凭 证

记字 40 号　　　　　　　2024 年 06 月 29 日　　　　　　　附单据张数　4 张

摘　要	会计科目	借方金额	贷方金额
支付本月水费	制造费用——水费	1 300.00	
支付本月水费	管理费用——水电费	895.90	
支付本月水费	应交税费——应交增值税——进项税额	39.55	
支付本月水费	银行存款——建行——2105678081		2 235.45
合计		2 235.45	2 235.45

审核:　　　　记账:　　　　出纳:　　　　制单:刘洪凯

【业务41】（共1张原始凭证,于6月29日取得）

41-1

江苏增值税电子普通发票

发票代码:032002032611
发票号码:63700762

机器编号:661819009823　　　　开票日期:2024年06月29日
检验码 37123 81798 02981 09723

购买方	名　称:常州东升有限公司 纳税人识别号:91320400763987654R 地址、电话:河海西路90号　85333930 开户行及账号:建行常州新北区支行　2105678081	密码区	111766＜98/198533204＋＜123 63＜＋64＜—＞876＊99＜/2165675 /＞＋216＞2＞7/3－＋47561＜＞120 ＋782－/5432＜4＊－62＞＞＞－8983

货物或应税劳务、服务名称	规格型号	单位	数量	单价	金　额	税率	税　额
*餐饮服务*餐饮费			1	754.72	754.72	6%	45.28
合　计					¥754.72		¥45.28

价税合计(大写)　　　　 捌佰元整　　　　　　　　　　　　(小写)¥800.00

销售方	名　称:常州黄河酒楼 纳税人识别号:91320408754320858 地址、电话:黄河东路121号　83400977 开户行及账号:农行常州分行　1208762435	备注	现金付讫

收款人:　　　　复核:　　　　开票人:张立　　　　销售方:(章)

上述原始凭证中：

41-1是江苏增值税电子普通发票，发票上"购买方"是本公司，应作为本公司确认费用时的记账依据。该原始凭证注明，"购买方"是本公司，"销售方"是常州黄河酒楼，"货物或应税劳务、服务名称"是餐饮费，这表明本公司发生了业务招待费，进行会计核算时，"金额"应记入"管理费用——业务招待费"科目的借方；同时，该凭证上盖有"现金付讫"章，这表明所有款项已全部用现金支付，进行会计核算时，应记入"库存现金"科目的贷方。

因此，该笔业务在会计数字化平台中应生成如下记账凭证。

41-2

记 账 凭 证

记字 41 号　　　　2024 年 06 月 29 日　　　　附单据张数　1　张

摘　要	会计科目	借方金额	贷方金额
报销业务招待费	管理费用——业务招待费	800.00	
报销业务招待费	库存现金		800.00
合计		800.00	800.00

审核：　　　　记账：　　　　出纳：　　　　制单：刘洪凯

【业务42】（共1张原始凭证，于6月30日取得）

42-1

银行借款利息计算单

2024 年 6 月 30 日　　　　　　　　　　单位：元

借款种类	借款金额	年贷款利率	月利息额	备注
3个月周转借款	180 000.00	5.1%	765.00	2024年6月1日借入
合　计				

编制：赵小蕾　　　　　　　　　审核：丁小林

上述原始凭证中：

42-1是银行借款利息计算单，此单应作为借款方期末计算利息支出的记账依据。该原始凭证注明，"借款种类"是3个月周转借款，这表明本公司承担的是短期借款利息支出，进行会计核算时，应记入"财务费用——利息支出"科目的借方；同时，由于本业务中没有支付利息的原始凭证，因此，进行会计核算时，应记入"应付利息——短期借款——中行"科目的贷方。

因此，该笔业务在会计数字化平台中应生成如下记账凭证。

42-2

记 账 凭 证

记字 42 号　　　　　　　　　2024 年 06 月 30 日　　　　　　　　附单据张数　1　张

摘　要	会计科目	借方金额	贷方金额
计提短期借款利息	财务费用——利息支出	765.00	
计提短期借款利息	应付利息——短期借款——中行		765.00
合　计		765.00	765.00

审核：　　　　　　记账：　　　　　　出纳：　　　　　　　　　制单：刘洪凯

【业务43】（共3张原始凭证，于6月30日取得）

43-1

江苏增值税专用发票　　NO.10201162

3200098293
10201162

开票日期：2024 年 06 月 30 日

购买方	名　　称：常州东升有限公司 纳税人识别号：91320400763987654R 地址、电话：河海西路90号　85333930 开户行及账号：建行常州新北区支行　2105678081	密码区	12－766＜98/19＋//204＋＜63＜ ＋64＜－＞876＊98＜/8765/＞＋ 216＞2＞7/3－＋47561＜＞＋782 －1///1＜4＊－62＞＞＞－8	加密版本：01 3200098293 10201162

货物或应税劳务、服务名称	规格型号	单位	数量	单价	金　额	税率	税　额
＊供电＊电					16 500.00	13%	2 145.00
合　　计					￥16 500.00		￥2 145.00

价税合计（大写）　壹万捌仟陆佰肆拾伍元整　　　　　　　（小写）￥18 645.00

销售方	名　　称：江苏省电力公司常州供电公司 纳税人识别号：91320400187654115 地址、电话：局前街324号　87665333 开户行及账号：工行常州局前街支行　70897655511	备注	江苏省电力公司常州供电公司 91320400187654115 发票专用章 （1）

收款人：　　　　　复核：　　　　　开票人：刘小军　　　　销售方：（章）

43-2

江苏增值税专用发票   NO.10201162

3200098293
3200098293
10201162

开票日期：2024 年 06 月 30 日

购买方	名　　称：常州东升有限公司 纳税人识别号：91320400763987654R 地址、电话：河海西路90号　85333930 开户行及账号：建行常州新北区支行　2105678081	密码区	12－766＜98/19＋//204＋＜63＜ ＋64＜－＞876＊98＜/8765/＞＋ 216＞2＞7/3－＋47561＜＞＋782 －1///1＜4＊－62＞＞－8	加密版本：01 3200098293 10201162

货物或应税劳务、服务名称	规格型号	单位	数量	单价	金　额	税率	税　额
＊供电＊电					16 500.00	13%	2 145.00
合　　计					￥16 500.00		￥2 145.00

价税合计(大写)	壹万捌仟陆佰肆拾伍元整	(小写) ￥18 645.00

销售方	名　　称：江苏省电力公司常州供电公司 纳税人识别号：91320400187 6454115 地址、电话：局前街324号　87665333 开户行及账号：工行常州局前街支行　70897655511	备注	江苏省电力公司常州供电公司 91320400187 6454115 发票专用章 （1）

收款人：　　　　复核：　　　　开票人：刘小军　　　　销售方：(章)

43-3

电 费 分 配 表

2024 年 6 月 30 日

部　　门	度　数(度)	分 配 率	金　额(元)
车　间	7 640.625	1.28	9 780.00
管理部门	5 250.000	1.28	6 720.00
合　计	12 890.625		16 500.00

编制：赵小蕾　　　　　　　　　审核：丁小林

上述原始凭证中：

43-1 是江苏增值税专用发票的第二联抵扣联,此联应作为购买方抵扣进项税额的依据。该抵扣联不能作为记账凭证的附件,应单独装订保管,以备税务机关查验。

43-2 是江苏增值税专用发票的第三联发票联,此联应作为购货方的记账依据。该原始凭证注明,"购买方"是本公司,"销售方"是江苏省电力公司常州供电公司,"货物或应税劳务、服务名称"是电,这表明本公司在生产经营过程中使用了电。根据 43-1 和 43-2,进行会计核算时,"金额"应根据具体使用部门分配记入成本、费用等科目,"税额"应记入"应交税费——应交增值税——进项税额"科目的借方。

43-3 是电费分配表,此表应作为分配电费的记账依据。该原始凭证注明的内容表明,车间分配的金额,进行会计核算时,应记入"制造费用——电费"科目的借方;管理部门分配的金额,进行会计核算时,应记入"管理费用——水电费"科目的借方。

此外,本业务中没有支付款项的原始凭证,而"预付账款——供电公司"科目2024年5月31日的贷方余额为68 973.03元,这表明本公司已于前期预付了电费,现已结清了本月发生的电费。因此,进行会计核算时,应记入"预付账款——电费"科目的贷方。

因此,该笔业务在会计数字化平台中应生成如下记账凭证。

43-4

记 账 凭 证

记字 43 号　　　　　　2024 年 06 月 30 日　　　　　　附单据张数　2　张

摘　要	会计科目	借方金额	贷方金额
支付本月的电费	制造费用——电费	9 780.00	
支付本月的电费	管理费用——水电费	6 720.00	
支付本月的电费	应交税费——应交增值税——进项税额	2 145.00	
支付本月的电费	预付账款——供电公司		18 645.00
合计		18 645.00	18 645.00

审核:　　　　　　记账:　　　　　　出纳:　　　　　　制单:刘洪凯

【业务44】（共1张原始凭证,于6月30日取得）

44-1

汽车保险费摊销计算表

2024 年 6 月 30 日

部　　门	金　　额(元)	摊销期限(个月)	本期金额(元)
管理部门	3 600.00	12	300.00
合计	3 600.00		300.00

编制:赵小蕾　　　　　　　　　　　　　审核:丁小林

上述原始凭证中:

44-1是汽车保险费摊销计算表,此表应作为确认本期保险费摊销金额的记账依据。该原始凭证注明的内容表明,本公司管理部门本月应承担的保险费为300.00元,进行会计核算时,应记入"管理费用——保险费"科目的借方;同时,"预付账款——汽车保险费"科目2024年5月31日的贷方余额为600.00元,这表明本公司已于前期预付了汽车保险费,现摊销汽车保险费时,应记入"预付账款——汽车保险费"科目的贷方。

因此,该笔业务在会计数字化平台中应生成如下记账凭证。

44-2

记 账 凭 证

记字 **44** 号　　　　　　　2024 年 06 月 30 日　　　　　　附单据张数　**1**　张

摘　要	会计科目	借方金额	贷方金额
摊销汽车保险费	管理费用——保险费	300.00	
摊销汽车保险费	预付账款——汽车保险费		300.00
合计		300.00	300.00

审核：　　　　　　记账：　　　　　　出纳：　　　　　　制单：刘洪凯

【业务 45】（共 1 张原始凭证，于 6 月 30 日取得）

45-1

中国建设银行
转账支票存根
72096551
12972231

附加信息

出票日期 *2024* 年 *6* 月 *31* 日

收款人：常州红山有限公司
金　额：￥50 000.00
用　途：货款
备　注：（2105678081）

单位主管　　　　　　会计

上述原始凭证中：

45-1 是中国建设银行转账支票存根，应作为付款方支付款项的记账依据。该原始凭证注明，账号为 2105678081，这表明本公司已将款项从账号为 2105678081 的基本户转出，进行会计核算时，应记入"银行存款——建行——2105678081"科目的贷方；同时，"收款人"是常州红山有限公司，"用途"是货款，而"应付账款——常州红山有限公司"科目 2024 年 5 月 31 日的贷方余额为 50 000 元，这表明本公司已将款项从基本户转出用于偿还前欠常州红山有限公司的货款，进行会计核算时，应记入"应付账款——常州红山有限公司"科目的借方。

因此,该笔业务在会计数字化平台中应生成如下记账凭证。

45-2

记 账 凭 证

记字 45 号　　　　　　2024 年 06 月 30 日　　　　　　附单据张数　1　张

摘　要	会计科目	借方金额	贷方金额
偿付前欠常州红山有限公司的货款	应付账款——常州红山有限公司	50 000.00	
偿付前欠常州红山有限公司的货款	银行存款——建行——2105678081		50 000.00
合计		50 000.00	50 000.00

审核:　　　　　记账:　　　　　出纳:　　　　　　　　　制单:刘洪凯

【业务46】（共1张原始凭证,于6月30日取得）

46-1

固定资产折旧计算表

2024 年 6 月 30 日　　　　　　　　　　　　　　　单位:元

固定资产类别	使用部门	品名	单位	数量	原价	月折旧率	月折旧额
房屋	车间	厂房	幢	1	1 000 000.00	0.003 958	3 958.00
	管理部门	行政楼	幢	1	300 000.00	0.003 958	1 187.40
机器设备	车间	设备X	台	10	200 000.00	0.007 917	1 583.40
		设备Y	台	5	150 000.00	0.007 917	1 187.55
		设备Z	台	10	250 083.00	0.007 917	1 979.91
电脑	车间	电脑E	台	5	15 000.00	0.026 389	395.84
	管理部门	电脑E	台	5	15 000.00	0.026 389	395.84
空调	车间	空调F	台	5	40 000.00	0.026 389	1 055.56
	管理部门	空调G	台	5	25 000.00	0.026 389	659.73
运输工具	管理部门	轿车H	辆	1	120 000.00	0.019 792	2 375.04
合　计					2 115 083.00		14 778.27

编制:赵小蕾　　　　　　　　　　　　　　　　　　　审核:丁小林

上述原始凭证中:

46-1是固定资产折旧计算表,此表应作为期末计提固定资产折旧的记账依据。该原始凭证注明的内容表明,本公司本月计提了折旧,进行会计核算时,记入"累计折旧"科目的贷方;同时表明,车间承担了折旧费用 10 160.26 元,进行会计核算时,应记入"制造费用——折旧费"科目的借方,管理部门承担了折旧费用 4 618.01 元,应记入"管理费用——折旧费"科目的借方。

因此,该笔业务在会计数字化平台中应生成如下记账凭证。

46-2

记 账 凭 证

记字 46 号　　　　　2024 年 06 月 30 日　　　　　　　　附单据张数　1　张

摘　要	会计科目	借方金额	贷方金额
计提固定资产折旧	制造费用——折旧费	10 160.26	
计提固定资产折旧	管理费用——折旧费	4 618.01	
计提固定资产折旧	累计折旧		14 778.27
合计		14 778.27	14 778.27

审核:　　　　　记账:　　　　　出纳:　　　　　　　　制单:刘洪凯

【业务 47】 (共 1 张原始凭证,于 6 月 30 日取得)

47-1

应交增值税计算表

2024 年 6 月 30 日

项　　目	金　　额(元)
销项税额	154 804.00
进项税额	29 915.45
上期留抵税额	
进项税额转出	
应纳税额	124 888.55
期末留抵税额	
按简易征收办法计算的应纳税额	
应纳税额减征额	
应纳税额合计	124 888.55

编制:赵小蕾　　　　　　　　　　　　　　　　　　　　审核:丁小林

上述原始凭证中:

47-1 是应交增值税计算表,此表应作为期末计算应交增值税的记账依据。该原始凭证注明的内容表明,本公司本月应交未交的增值税是 124 888.55 元,进行会计核算时,应分别记入"应交税费——应交增值税(转出未交增值税)"科目的借方和"应交税费——未交增值税"科目的贷方。

因此,该笔业务在会计数字化平台中应生成如下记账凭证。

47-2

记 账 凭 证

记字 47 号　　　　　　　2024 年 06 月 30 日　　　　　　附单据张数　1 张

摘　要	会计科目	借方金额	贷方金额
结转未交增值税	应交税费——应交增值税——转出未交增值税	124 888.55	
结转未交增值税	应交税费——未交增值税		124 888.55
合计		124 888.55	124 888.55

审核：　　　　　记账：　　　　　出纳：　　　　　　　制单：刘洪凯

【业务48】 （共 1 张原始凭证,于 6 月 30 日取得）

48-1

城市维护建设税、教育费附加、地方教育附加计算表

2024 年 6 月 30 日　　　　　　　　　　　　　　　单位:元

税(费)种	增值税	税率(征收率)	本期应纳税费	本期已缴税费	本期应补(退)税费
城市维护建设税	124 888.55	7%	8 742.20	0	8 742.20
教育费附加	124 888.55	3%	3 746.66	0	3 746.66
地方教育附加	124 888.55	2%	2 497.77	0	2 497.77
合计			14 986.63	0	14 986.63

上述原始凭证中：

48-1 是城市维护建设税、教育费附加、地方教育附加计算表,此表应作为企业期末计算城市维护建设税及教育费附加的记账依据。该原始凭证注明,城市维护建设税、教育费附加、地方教育附加的计缴依据是本月合计应交增值税的税额 14 986.63 元,"城市维护建设税"的"本期应纳税费"是 8 742.20 元,"教育费附加"的"本期应纳税费"是 3 746.66 元,"地方教育附加"的"本期应纳税费"是 2 497.77 元,这表明本公司本月发生了税金及附加费用,进行会计核算时,"本期应纳税费"金额应分别记入"税金及附加——城市维护建设税""税金及附加——教育费附加""税金及附加——地方教育附加"科目的借方以及"应交税费——应交城市维护建设税""应交税费——应交教育费附加"和"应交税费——应交地方教育附加"科目的贷方。

因此,该笔业务在会计数字化平台中应生成如下记账凭证。

48-2

记 账 凭 证

记字 48 号 2024 年 06 月 30 日 附单据张数 1 张

摘 要	会计科目	借方金额	贷方金额
计算应缴的城市维护建设税等	税金及附加——城市维护建设税	8 742.20	
计算应缴的城市维护建设税等	税金及附加——教育费附加	3 746.66	
计算应缴的城市维护建设税等	税金及附加——地方教育费附加	2 497.77	
计算应缴的城市维护建设税等	应交税费——应交城市维护建设税		8 742.20
计算应缴的城市维护建设税等	应交税费——应交教育费附加		3 746.66
计算应缴的城市维护建设税等	应交税费——应交地方教育费附加		2 497.77
合计		14 986.63	14 986.63

审核：　　　记账：　　　出纳：　　　制单：刘洪凯

【业务49】 （共 1 张原始凭证，于 7 月 2 日取得）

49-1

工资费用分配表

2024 年 6 月 30 日　　　　　　　　　　单位：元

应借账户	直接计入	分配计入			合计
		生产工时	分配率	分配金额	
生产成本——A		6 000	15.625	93 750.00	93 750.00
——B		2 000	15.625	31 250.00	31 250.00
小计		8 000		125 000.00	125 000.00
制造费用	25 000.00				25 000.00
管理费用	40 000.00				40 000.00
合计	65 000.00			125 000.00	190 000.00

编制：赵小蕾　　　　　　　　　　审核：丁小林

上述原始凭证中：

49-1 是工资费用分配表，此表应作为期末计算分配工资费用的记账依据。该原始凭证注明的内容表明，本月应支付给职工的工资总额为 190 000.00 元，进行会计核算时，合计金额应记入"应付职工薪酬——工资"科目的贷方；同时，生产 A、B 产品分别发生了工资费用 93 750.00 元和 31 250.00 元，进行会计核算时，应分别记入"生产成本——A——直接人工"和"生产成本——B——直接人工"科目的借方；此外，车间管理人员和管理部门人员分别发生了工资费用 25 000.00 元和 40 000.00 元，进行会计核算时，应分别记入"制造费用——工资"和"管理费用——工资"科目的借方。

因此，该笔业务在会计数字化平台中应生成如下记账凭证。

49-2

记 账 凭 证

记字 49 号　　　　　　　2024 年 06 月 30 日　　　　　　　附单据张数　1　张

摘 要	会计科目	借方金额	贷方金额
分配职工工资	生产成本——A——直接人工	93 750.00	
分配职工工资	生产成本——B——直接人工	31 250.00	
分配职工工资	制造费用——工资	25 000.00	
分配职工工资	管理费用——工资	40 000.00	
分配职工工资	应付职工薪酬——工资		190 000.00
合计		190 000.00	190 000.00

审核：　　　　　记账：　　　　　出纳：　　　　　　　　　　　制单：刘洪凯

【业务 50】（共 1 张原始凭证，于 7 月 2 日取得）

50-1

五险计算表

2024 年 6 月 30 日　　　　　　　　　　　　　　　　单位：元

应借账户		工资总额	医疗保险（7.5%）	养老保险（16%）	失业保险（0.5%）	生育保险（0.8%）	工伤保险（0.2%）	合计
生产成本	A 产品	93 750.00	7 031.25	15 000.00	468.75	750.00	187.50	23 437.50
	B 产品	31 250.00	2 343.75	5 000.00	156.25	250.00	62.50	7 812.50
	小计	125 000.00	9 375.00	20 000.00	625.00	1 000.00	250.00	31 250.00
制造费用		25 000.00	1 875.00	4 000.00	125.00	200.00	50.00	6 250.00
管理费用		40 000.00	3 000.00	6 400.00	200.00	320.00	80.00	10 000.00
合　计		190 000.00	14 250.00	30 400.00	950.00	1 520.00	380.00	47 500.00

编制：赵小蕾　　　　　　　　　　　　　　　　审核：丁小林

上述原始凭证中：

50-1 是五险计算表，此表应作为期末计算分配五险的记账依据。该原始凭证注明的内容表明，本月应承担的五险为 47 500.00 元，进行会计核算时，合计金额应记入"应付职工薪酬——社会保险费"和"应付职工薪酬——设定提存计划"科目的贷方；同时，生产 A、B 产品分别发生了五险费用 23 437.50 元和 7 812.50 元，进行会计核算时，应分别记入"生产成本——A（直接人工）"和"生产成本——B（直接人工）"科目的借方；此外，车间管理人员和管理部门人员分别发生了五险费用 6 250.00 元和 10 000.00 元，进行会计核算时，应分别记入"制造费用——五险一金"和"管理费用——五险一金"科目的借方。

因此，该笔业务在会计数字化平台中应生成如下记账凭证。

50-2

记 账 凭 证

记字 50 号　　　　　　　　2024 年 06 月 30 日　　　　　　　附单据张数　**1**　张

摘　要	会计科目	借方金额	贷方金额
计提社会保险费	生产成本——A——直接人工	23 437.50	
计提社会保险费	生产成本——B——直接人工	7 812.50	
计提社会保险费	制造费用——五险一金	6 250.00	
计提社会保险费	管理费用——五险一金	10 000.00	
计提社会保险费	应付职工薪酬——社会保险费——医疗保险		14 250.00
计提社会保险费	应付职工薪酬——设定提存计划——养老保险		30 400.00
计提社会保险费	应付职工薪酬——设定提存计划——失业保险		950.00
计提社会保险费	应付职工薪酬——社会保险费——生育保险		1 520.00
计提社会保险费	应付职工薪酬——社会保险费——工伤保险		380.00
合计		47 500.00	47 500.00

审核：　　　　　　　记账：　　　　　　　出纳：　　　　　　　制单：刘洪凯

【业务 51】　（共 1 张原始凭证，于 7 月 2 日取得）

51-1

住房公积金计算表

2024 年 6 月 30 日

应借账户		工资总额	住房公积金
生产成本	A 产品	93 750.00	9 375.00
	B 产品	31 250.00	3 125.00
	小计	125 000.00	12 500.00
制造费用		25 000.00	2 500.00
管理费用		40 000.00	4 000.00
合　计		190 000.00	19 000.00

编制：赵小蕾　　　　　　　　　　　　　　　审核：丁小林

51-1 是住房公积金计算表，此表应作为期末计算分配住房公积金的记账依据。该原始凭证注明的内容表明，本月应承担的住房公积金为 19 000.00 元，进行会计核算时，合计金额应记入"应付职工薪酬——住房公积金"科目的贷方；同时，生产 A、B 产品分别发生了住房公积金费用 9 375.00 元和 3 125.00 元，进行会计核算时，应分别记入"生产成本——A——直接人工"和"生产成本——B——直接人工"科目的借方；此外，车间管理人员和管理部门人员分别发生了住房公积金费用 2 500.00 元和 4 000.00 元，进行会计核算时，应分别记入"制造费用——五险一金"和"管理费用——五险一金"科目的借方。

因此,该笔业务在会计数字化平台中应生成如下记账凭证。

51-2

记 账 凭 证

记字 51 号　　　　　　　　2024 年 06 月 30 日　　　　　　　附单据张数　1　张

摘　要	会计科目	借方金额	贷方金额
计提住房公积金	生产成本——A——直接人工	9 375.00	
计提住房公积金	生产成本——B——直接人工	3 125.00	
计提住房公积金	制造费用——五险一金	2 500.00	
计提住房公积金	管理费用——五险一金	4 000.00	
计提住房公积金	应付职工薪酬——住房公积金		19 000.00
合计		19 000.00	19 000.00

审核：　　　　　记账：　　　　　出纳：　　　　　　　　　制单：刘洪凯

【业务 52】（共 1 张原始凭证,于 7 月 2 日取得）

52-1

原材料发出汇总表

2024 年 6 月 30 日

项目	甲材料		乙材料		合　计
	数量	金额	数量	金额	
生产车间——A	8 000	80 000	2 000	16 000	96 000
生产车间——B	2 940	29 400	3 000	24 000	53 400
生产车间——一般消耗			1 412	11 296	11 296
管理部门			500	4 000	4 000
销售材料	60	570.45			570.45
合计	11 000	109 970.45	6 912	55 296	165 266.45

编制：张晶宇　　　　　　　　　　　　　　　　　审核：刘林

上述原始凭证中：

52-1 是原材料发出汇总表,此表应作为期末计算分配材料费用的记账依据。该原始凭证注明的内容表明,本月发出甲、乙材料的成本分别为 109 970.45 元和 55 296.00 元,其中,甲材料因已全部发出而无余额,由其出库单位成本保留 2 位小数而产生的尾差计入了销售材料的成本,进行会计核算时,应分别记入"原材料——甲"和"原材料——乙"科目的贷方；同时,生产 A、B 产品发生原材料费用分别为 96 000.00 元和 53 400.00 元,进行会计核算时,应分别记入"生产成本——A——直接材料"和"生产成本——B——直接材料"科目的借方；车间、管理部门一般耗用原材料费用分别为 11 296.00 元和 4 000.00 元,进行会计核算时,应记入"制造费用——材料"和"管理费用——材料"科目的借方；此外,应结转销售材料的成本为 570.45 元,进行会计核算时,应记入"其他业务成本——材料销售成本——甲"科目的借方。

因此,该笔业务在会计数字化平台中应生成如下记账凭证。

52-2

记 账 凭 证

记字 52 号　　　　　　　　2024 年 06 月 30 日　　　　　　附单据张数　1　张

摘　要	会计科目	借方金额	贷方金额
结转发出材料成本	生产成本——A——直接材料	96 000.00	
结转发出材料成本	生产成本——B——直接材料	53 400.00	
结转发出材料成本	制造费用——材料费	11 296.00	
结转发出材料成本	管理费用——材料费	4 000.00	
结转发出材料成本	其他业务成本——材料销售成本——甲	570.45	
结转发出材料成本	原材料——甲		109 970.45
结转发出材料成本	原材料——乙		55 296.00
合计		165 266.45	165 266.45

审核：　　　　　记账：　　　　　出纳：　　　　　　　　制单：刘洪凯

【业务53】（共1张原始凭证，于7月2日取得）

53-1

制造费用分配表

2024 年 6 月 30 日

产品名称	生产工时	分配率	分配金额（元）
A	6 000	8.356 25	50 137.50
B	2 000	8.356 25	16 712.50
合　计	8 000		66 850.00

编制：赵小蕾　　　　　　　　　　　　　　　审核：丁小林

上述原始凭证中：

53-1是制造费用分配表，此表应作为期末计算分配制造费用的记账依据。该原始凭证注明的内容表明，本月生产A、B产品应承担的制造费用分别为50 137.50元和16 712.50元，进行会计核算时，应分别记入"生产成本——A——制造费用"和"生产成本——B——制造费用"科目的借方；同时，还表明本月发生的制造费用66 850.00元已分配结转，进行会计核算时，应记入"制造费用"各明细科目的贷方。

因此，该笔业务在会计数字化平台中应生成如下记账凭证。

53-2

记 账 凭 证

记字 53 号　　　　　　　　　2024 年 06 月 30 日　　　　　　　附单据张数　1　张

摘　要	会计科目	借方金额	贷方金额
结转制造费用	生产成本——A——制造费用	50 137.50	
结转制造费用	生产成本——B——制造费用	16 712.50	
结转制造费用	制造费用——办公费		563.74
结转制造费用	制造费用——水费		1 300.00
结转制造费用	制造费用——电费		9 780.00
结转制造费用	制造费用——折旧费		10 160.26
结转制造费用	制造费用——工资		25 000.00
结转制造费用	制造费用——五险一金		8 750.00
结转制造费用	制造费用——材料费		11 296.00
合计		66 850.00	66 850.00

审核：　　　　　记账：　　　　　出纳：　　　　　制单：刘洪凯

【业务 54】（共 3 张原始凭证，于 7 月 2 日取得）

54-1

产品产量明细表

2024 年 6 月 30 日

生产部门	产品名称	月初在产品数量	本月投产产品数量	本月完工产品数量	本月入库产品数量	月末在产品数量	投料率	期末在产品完工率
生产车间	A	125	275	3 000	3 000	0		
生产车间	B	800	1 600	0	0	2 400		

编制：张晶宇　　　　　　　　　　　　　审核：刘林

54-2

产品成本计算单

2024 年 6 月 30 日

产品名称：A　　　　　　完工产品：3 000 件　　　　　　在产品：0 件

摘　要	直接材料	直接人工	制造费用	合　计
期初在产品成本	4 112.11	1 516.85	4 442.85	10 071.81
本月发生费用	96 000.00	126 562.50	50 137.50	272 700.00
生产费用合计	100 112.11	128 079.35	54 580.35	282 771.81
完工产品成本	100 112.11	128 079.35	54 580.35	282 771.81
月末在产品成本	0	0	0	0

编制：赵小蕾　　　　　　　　　　　　　审核：丁小林

54-3

产品成本计算单

2024 年 6 月 30 日

产品名称：B　　　　　　　　　　完工产品：0 件　　　　　　　　　　在产品：2 400 件

摘　要	直接材料	直接人工	制造费用	合　计
期初在产品成本	27 398.95	16 636.57	3 828.17	47 863.69
本月发生费用	53 400.00	42 187.50	16 712.50	112 300.00
生产费用合计	80 798.95	58 824.07	20 540.67	160 163.69
完工产品成本	0	0	0	0
月末在产品成本	80 798.95	58 824.07	20 540.67	160 163.69

编制：赵小蕾　　　　　　　　　　　　　　　　　审核：丁小林

上述原始凭证中：

54-1 是产品产量明细表，此表应作为完工产品验收入库的记账依据。该原始凭证注明的内容表明，本月有 3 000 件 A 产品已经完工并验收入库，进行会计核算时，应记入"库存商品——A"科目的借方。

54-2 是产品成本计算单，此单应作为期末结转完工产品成本的记账依据。该原始凭证注明的内容表明，本月完工 A 产品的成本 282 771.81 元应予以结转，进行会计核算时，记入"生产成本——A"各明细科目的贷方。

54-3 是产品成本计算单，此单应作为期末结转完工产品成本的记账依据。该原始凭证注明的内容表明，本月 B 产品尚未完工，因此，不需要结转完工产品成本。

因此，该笔业务在会计数字化平台中应生成如下记账凭证。

54-4

记 账 凭 证

记字 54 号　　　　　　2024 年 06 月 30 日　　　　　　附单据张数　3　张

摘　要	会计科目	借方金额	贷方金额
结转完工产品成本	库存商品——A	282 771.81	
结转完工产品成本	生产成本——A——直接材料		100 112.11
结转完工产品成本	生产成本——A——直接人工		128 079.35
结转完工产品成本	生产成本——A——制造费用		54 580.35
合计		282 771.81	282 771.81

审核：　　　　　记账：　　　　　出纳：　　　　　制单：刘洪凯

【业务55】 （共3张原始凭证，于7月2日取得）

55-1

单位产品成本计算表

2024年6月30日

产品名称	期初产成品		本月完工产品		加权平均单价
	数　量	金　额	数　量	金　额	
A	2 500	322 500	3 000	282 771.81	110.05
B	3 500	157 500			45.00

编制：赵小蕾　　　　　　　　　　　　　　审核：丁小林

55-2

产品销售成本计算表

2024年6月30日

产品名称	销售数量	单位成本	总成本
A	3 300	110.05	363 165
B	2 000	45.00	90 000

编制：赵小蕾　　　　　　　　　　　　　　审核：丁小林

55-3

产成品出库汇总表

2024年6月30日

产品名称	发出数量	单位成本	总成本
A	3 300		
B	2 000		

编制：张晶宇　　　　　　　　　　　　　　审核：刘　林

上述原始凭证中：

55-1是单位产品成本计算表，此表应作为期末计算产品销售成本的记账依据。该原始凭证注明的内容表明，A、B产品的单位销售成本分别为110.05元和45.00元。

55-2是产品销售成本计算表，此表也应作为期末计算产品销售成本的记账依据。该原始凭证注明的内容表明，本公司本月销售的A、B产品总成本分别为363 165.00元和90 000.00元，进行会计核算时，应分别记入"主营业务成本——商品销售成本——A"科目和"主营业务成本——商品销售成本——B"科目的借方。

55-3是产成品出库汇总表，此表应作为确定本期发出产成品的记账依据。该原始凭证注明的内容表明，本公司本月发出了A、B产品，进行会计核算时，应将其成本分别记入"库存商品——A"和"库存商品——B"科目的贷方。

因此，该笔业务在会计数字化平台中应生成如下记账凭证。

55-4

记 账 凭 证

记字 *55* 号　　　　　　　　*2024* 年 *06* 月 *30* 日　　　　　　　　附单据张数　*3*　张

摘　要	会计科目	借方金额	贷方金额
结转已销产品成本	主营业务成本——商品销售成本——A	363 165.00	
结转已销产品成本	主营业务成本——商品销售成本——B	90 000.00	
结转已销产品成本	库存商品——A		363 165.00
结转已销产品成本	库存商品——B		90 000.00
合计		453 165.00	453 165.00

审核：　　　　　记账：　　　　　出纳：　　　　　　　制单：刘洪凯

【业务 56】（共 1 张原始凭证，于 7 月 2 日取得）

56-1

合同履约成本结转表

2024 年 *6* 月 *30* 日

总账科目	明细科目	金额
合同履约成本	运费——B	917.43
合计		

编制：张晶宇　　　　　　　　　　　　　审核：刘　林

上述原始凭证中：

56-1 是合同履约成本结转表，此表应作为期末计算产品销售成本的记账依据。该原始凭证的内容表明，本公司有运费通过"合同履约成本——运费——B"核算期末，应转到"主营业务成本——服务成本——B"科目的借方。

因此，该笔业务在会计数字化平台中应生成如下记账凭证。

56-2

记 账 凭 证

记字 *56* 号　　　　　　　　*2024* 年 *06* 月 *30* 日　　　　　　　　附单据张数　*1*　张

摘　要	会计科目	借方金额	贷方金额
结转合同履约成本	主营业务成本——服务成本——B	917.43	
结转合同履约成本	合同履约成本——运费——B		917.43
合计		917.43	917.43

审核：　　　　　记账：　　　　　出纳：　　　　　　　制单：刘洪凯

【业务57】 （共1张原始凭证，于7月2日取得）

57-1

月度应交所得税计算表

2024年6月30日

项　　目	金　　额
营业收入	1 190 800.00
营业成本	454 652.88
利润总额	639 115.48
减：不征税收入	
免税收入	
弥补以前年度亏损	
实际利润额	639 115.48
税率（25%）	25%
应纳所得税额	159 778.87
减：减免所得税额	
减：实际已预缴所得税额	
应补（退）所得税额	159 778.87
减：以前年度多缴在本期抵缴所得税额	
本期实际应补（退）所得税额	159 778.87

编制：赵小蕾　　　　　　　　　　　　　　　　　　　　审核：丁小林

上述原始凭证中：

57-1是月度应交所得税计算表，此表应作为期末计算本期应交所得税费用的记账依据。该原始凭证注明的内容表明，本公司本月发生了所得税费用159 778.87元，进行会计核算时，应记入"所得税费用"科目的借方；同时，本业务中没有上交企业所得税的原始凭证，进行会计核算时，应记入"应交税费——应交企业所得税"科目的贷方。

因此，该笔业务在会计数字化平台中应生成如下记账凭证。

57-2

记 账 凭 证

记字 57 号　　　　　2024年06月30日　　　　　附单据张数　1　张

摘　要	会计科目	借方金额	贷方金额
计算应交的企业所得税	所得税费用	159 778.87	
	应交税费——应交企业所得税		159 778.87
合计		159 778.87	159 778.87

审核：　　　　　记账：　　　　　出纳：　　　　　制单：刘洪凯

【业务 58】 （共 1 张原始凭证,于 7 月 2 日取得）

58-1

损益类账户发生额表

2024 年 6 月 30 日

账 户 名 称	借方发生额合计	贷方发生额合计
主营业务收入		1 190 000
其他业务收入		800
营业外收入		200
主营业务成本	454 082.43	
其他业务成本	570.45	
税金及附加	14 986.63	
管理费用	83 686.63	
销售费用		
财务费用	-1 441.62	
所得税费用	159 778.87	
合计	711 663.39	1 191 000

编制：赵小蕾　　　　　　　　　　　　　　　　　　　审核：丁小林

上述原始凭证中：

58-1 是损益类账户发生额表,此表应作为期末结转损益类账户的记账依据。在会计数字化平台中,根据设置好的规则将收入和费用分别转入"本年利润"科目。本书采用收入和费用分别生成记账凭证的方式。

因此,该笔业务在会计数字化平台中应生成如下记账凭证。

58-2

记 账 凭 证

记字 58 号　　　　　2024 年 06 月 30 日　　　　　　　附单据张数　1　张

摘 要	会计科目	借方金额	贷方金额
结转损益类科目	主营业务收入——商品销售收入——A	990 000.00	
结转损益类科目	主营业务收入——商品销售收入——B	200 000.00	
结转损益类科目	其他业务收入——材料销售收入——甲	800.00	
结转损益类科目	营业外收入——罚款收入	200.00	
结转损益类科目	本年利润		1 191 000.00
合计		1 191 000.00	1 191 000.00

审核：　　　　　记账：　　　　　出纳：　　　　　　制单：刘洪凯

58-3

记 账 凭 证

记字 59 号　　　　　　2024 年 06 月 30 日　　　　　　附单据张数　0　张

摘　要	会计科目	借方金额	贷方金额
结转损益类科目	本年利润	711 663.39	
结转损益类科目	主营业务成本——商品销售成本——A		363 165.00
结转损益类科目	主营业务成本——商品销售成本——B		90 000.00
结转损益类科目	主营业务成本——服务成本——B		917.43
结转损益类科目	其他业务成本——材料销售成本——甲		570.45
结转损益类科目	税金及附加——城市维护建设税		8 742.20
结转损益类科目	税金及附加——教育费附加		3 746.66
结转损益类科目	税金及附加——地方教育费附加		2 497.77
结转损益类科目	管理费用——办公费		1 591.35
结转损益类科目	管理费用——差旅费		761.37
结转损益类科目	管理费用——维修费		10 000.00
结转损益类科目	管理费用——水电费		7 615.90
结转损益类科目	管理费用——业务招待费		800.00
结转损益类科目	管理费用——保险费		300.00
结转损益类科目	管理费用——折旧费		4 618.01
结转损益类科目	管理费用——工资		40 000.00
结转损益类科目	管理费用——五险一金		14 000.00
结转损益类科目	管理费用——材料费		4 000.00
结转损益类科目	财务费用——利息支出		765.00
结转损益类科目	财务费用——工本及手续费		13.38
结转损益类科目	财务费用——利息收入		-2 220.00
结转损益类科目	所得税费用		159 778.87
合计		711 663.39	711 663.39

审核：　　　　　记账：　　　　　出纳：　　　　　制单：刘洪凯

四、记账凭证的审核

使用会计数字化平台进行会计核算的单位，对于机制记账凭证，要认真审核，做到会计科目使用正确，数字准确无误。

对于具有明晰审核规则的机制记账凭证，可以将审核规则嵌入会计数字化平台，由会计数字化平台自动审核。

在审核过程中，如果发现差错，应及时查明原因，按规定办法及时处理和更正，只有经过审核无误的记账凭证,才能据以登记账簿。如果发现存在尚未入账的错误记账凭证,应当重新生成。

以常州东升有限公司2024年6月份经济业务中的[业务1]为例,财务经理丁小林选择记账凭证审核功能,对记账凭证及所附原始凭证1-1及1-2审核无误后点击审核,完成审核功能,记账凭证如表2-2所示。

表2-2

记 账 凭 证

记字 1 号　　　　　　2024 年 06 月 01 日　　　　　　附单据张数　2　张

摘　要	会计科目	借方金额	贷方金额
销售产品A,款收	银行存款——建行(2105678081)	339 000.00	
销售产品A,款收	主营业务收入——商品销售收入——A		300 000.00
销售产品A,款收	应交税费——应交增值税——销项税额		39 000.00
合计		339 000.00	339 000.00

审核:丁小林　　　记账:　　　出纳:　　　制单:刘洪凯

第三章 数字化会计账簿

一、会计账簿的自动生成

在会计数字化平台上,会计账簿能自动生成:一是根据审核通过的记账凭证或者记账凭证汇总表登记总分类账;二是根据审核通过的记账凭证和相应原始凭证登记明细分类账。由具有记账权限的会计人员登录会计数字化平台,点击记账的功能完成记账的工作。

会计数字化平台可以提供多种格式的账簿,如三栏式、多栏式和数量金额式等格式的账簿。通过会计数字化平台中的各类会计账簿,我们可以查询详细的、按记账凭证顺序显示的会计信息;也可以查询在上述基础上显示对方科目的会计信息;可以查询按汇总方式显示会计信息;还可以查询根据科目的设置情况,财务分析所需的各种维度的会计信息。如我们通过查询费用类会计账簿,不仅可以得到按部门归集的费用信息、也可以得到按人员归集的费用信息。

二、对账

我们在结账之前,要做好对账工作。所谓对账,就是核对账目,定期将各类账簿记录进行核对,做到账证相符、账账相符和账实相符。其目的在于使期末用于编制财务会计报表的数据真实、可靠。对账的主要内容一般包括账证核对、账账核对和账实核对。

(一)账证核对

账证核对是指核对会计账簿记录与原始凭证以及记账凭证的时间、凭证字号、内容和金额是否一致,记账方向是否相符。这种核对一般在日常编制凭证和记账过程中进行,以检查所记账目是否正确。账证核对是追查会计记录正确与否的最终途径。月终如果发现账账不符,也可以将账簿记录与有关会计凭证进行核对,以保证账证相符。

(二)账账核对

账账核对是指核对不同会计账簿之间的账簿记录是否相符。其内容包括:

(1)所有总账账户借方发生额合计与贷方发生额合计是否相符。

(2)所有总账账户借方余额合计与贷方余额合计是否相符。

(3)所有总账账户余额合计与其所属明细分类账余额合计是否相符。

(4)总分类账与序时账核对。现金日记账和银行存款日记账的余额与其总账余额是否相符。

(5)明细分类账之间核对。会计部门有关财产物资明细账余额与财产物资保管、使用部门的有关明细账是否相符。

(三)账实核对

账实核对是指各项财产物资、债权债务等账面余额与实有数额之间的核对。造成账实不符的原因是多方面的,如财产物资保管过程中发生的自然损耗;财产收发过程中由于计量或检验不准,造成多收或少收的差错;由于管理不善、制度不严造成的财产损坏、丢失和被盗;在账簿记录中发生的重记、漏记和错记;由于有关凭证未到,形成未达账项,造成结算双方账实不符;发生意外灾害等。因此,各单位一般需要通过定期的财产清查来弥补这方面的漏洞,保证会计信息的真实、可靠,提高会计主体的管理水平。账实核对的内容包括:

(1) 库存现金日记账账面余额与库存现金数额是否相符。

(2) 银行存款日记账账面余额与银行对账单的余额是否相符。

(3) 各项财产物资明细账账面余额与财产物资的实有数额是否相符。

(4) 有关债权债务明细账账面余额与对方单位的账面记录是否相符。

会计数字化平台可以对内部产生的各种账簿自动进行账账核对,还可以将银行存款日记账与从外部导入的银行对账单自动对账,并根据提供的上期未达账项自动编制银行存款余额调节表。

三、结账

(一) 结账的程序

结账程序如下:

(1) 将本期发生的经济业务事项全部登记入账。若发生漏账、错账,应及时补记、更正,既不能提前结账,又不能将本期发生的经济业务推至下期登账。

(2) 根据权责发生制的要求,调整有关账项,合理确定本期应计的收入和应计的费用。

(3) 将损益类账户转入"本年利润"账户,结平所有损益类账户。

(4) 结算出资产、负债和所有者权益账户的本期发生额和余额,并结转下期。

(二) 结账的方法

会计数字化平台采用统一结账的方式,各账簿每月均提供本月合计和本年累计的数据,银行存款日记账和现金日记账还提供本日合计的数据。

四、会计账簿查询实例

以常州东升有限公司 2024 年 6 月份经济业务为例,选择银行存款日记账及银行存款总账等账簿展示。账簿数据通过账簿查询功能获得,一般是一年打印一次并装订。随着会计档案电子化建设的要求提出,也可以直接导出电子数据归档。

(一) 银行存款日记账

通过会计数字化平台查询获得的银行存款日记账,如表 3-1 所示。

(二) 银行存款总账

通过会计数字化平台查询获得的银行存款总账,如表 3-2 所示。

(三) 科目汇总表

因装订凭证过程中需要对本月全部记账凭证的总金额进行控制,以防丢失等行为的发生,需要在记账凭证前加一张科目汇总表,会计数字化平台也提供科目汇总表。科目汇总表,如表 3-3 所示。

表3-1

1002 银行存款日记账

科目：银行存款——建行——2105678081　　　期间：2024.01—2024.06

日期	凭证字号	摘要	结算方式	票据号	借方	贷方	方向	余额
		上期结转					借	298 138.40
2024-01-02	记-01	预付款	网银	320620002710182320098		36 000.00	借	262 138.40
2024-01-02		本日合计				36 000.00	借	262 138.40
2024-01-05	记-03	采购甲材料	网银	320620002710182430036		45 000.00	借	217 138.40
2024-01-05		本日合计				45 000.00	借	217 138.40
2024-01-09	记-05	销售产品A,款收	转账支票	7621098223098722	210 000.00		借	427 138.40
2024-01-09	记-06	收回前欠的货款	网银	320620002710182430175	260 000.00		借	687 138.40
2024-01-09		本日合计			470 000.00		借	687 138.40
2024-01-15	记-11	交增值税及附加	其他	202412083636 0197		6 160.38	借	680 978.02
2024-01-15	记-12	交个人所得税	其他	202412083636 1209		600.00	借	680 378.02
2024-01-15	记-13	交企业所得税	其他	202412083636 6938		25 689.09	借	654 688.93
2024-01-15	记-14	支付工资	其他	202412083601 1467		199 000.00	借	455 688.93
2024-01-15	记-18	支付社保	其他	202412083636 7201		70 645.00	借	385 043.93
2024-01-15	记-19	支付住房公积金	其他	202412086709 2311		19 900.00	借	365 143.93
2024-01-15		本日合计				321 994.47	借	365 143.93
2024-01-31	记-35	支付水费	网银	320620002710282540109		216.23	借	364 927.70
2024-01-31		本日合计				216.23	借	364 927.70
2024.01		本月合计			470 000.00	403 210.70	借	364 927.70

（续表）

日期	凭证字号	摘要	结算方式	票据号	借方	贷方	方向	余额
2024.01		本年累计			470 000.00	403 210.70	借	364 927.70
2024-02-02		2月到5月具体业务略						
2024.05		本月			500 376.14	330 982.32	借	1 073 225.36
2024.05		本年累计			2 396 045.38	1 620 958.42	借	1 073 225.36
2024-06-01	记-01	销售产品A，款收	转账支票	5475765401560345	339 000.00		借	1 412 225.36
2024-06-01	记-04	将款项从银行结算户转到基本户	转账支票	5475787301560911	180 000.00		借	1 592 225.36
2024-06-01		本日合计			519 000.00		借	1 592 225.36
2024-06-02	记-05	支付银行承兑保证金	转账支票	7609655112972222		56 990.99	借	1 535 234.37
2024-06-02		本日合计				56 990.99	借	1 535 234.37
2024-06-03	记-09	支付职工工资、扣社保费用等	转账支票	7609655112972223		157 605.00	借	1 377 629.37
2024-06-03	记-10	购材料甲、乙，入库，款付	网银	3206200027J0500810021		73 450.00	借	1 304 179.37
2024-06-03		本日合计				231 055.00	借	1 304 179.37
2024-06-04	记-11	支付电话费	网银	3206200027J0500810032		1472.97	借	1 302 706.40
2024-06-04	记-12	支付银行手续费	其他	3206200027J0500855422		14.18	借	1 302 692.22
2024-06-04		本日合计				1 487.15	借	1 302 692.22
2024-06-07	记-13	上交上月增值税及附加	其他	2024120835123612		159 762.89	借	1 142 929.33
2024-06-07	记-14	上交上月企业所得税	其他	2024120835123617		131 564.56	借	1 011 364.77
2024-06-07	记-15	上交上月个人所得税	其他	2024120835123623		600.00	借	1 010 764.77

(续表)

日期	凭证字号	摘要	结算方式	票据号	借方	贷方	方向	余额
2024-06-07	记-16	支付社会保险费	其他	202412083512363		70 645.00	借	940 119.77
2024-06-07		本日合计				362 572.45	借	940 119.77
2024-06-08	记-17	申请银行汇票	其他	202403001		45 200.00	借	894 919.77
2024-06-08		本日合计				45 200.00	借	894 919.77
2024-06-09	记-18	购买甲、乙材料，款付，未入库	网银	32062002TJ0500810125		21 470.00	借	873 449.77
2024-06-09	记-19	支付住房公积金	其他	32062002TJ0500810136		39 800.00	借	833 649.77
2024-06-09		本日合计				61 270.00	借	833 649.77
2024-06-10	记-20	支付甲、乙材料运费并验收入库	网银	32062002TJ0500810169		315.22	借	833 334.55
2024-06-10		本日合计				315.22	借	833 334.55
2024-06-14	记-22	提取现金	现金支票	78096543769722336		3 000.00	借	830 334.55
2024-06-14	记-23	收回常州黄河有限公司前欠货款	网银	32062002TJ0500810198	60 000.00		借	890 334.55
2024-06-14	记-25	支付销售运费	转账支票	72096551129722226		1 000.00	借	889 334.55
2024-06-14		本日合计			60 000.00	4 000.00	借	889 334.55
2024-06-22	记-28	收到银行存款利息	其他		2 015.00		借	891 349.55
2024-06-22	记-30	预收江苏新龙有限公司贷款	电汇	32062002TJ0500810012	80 000.00		借	971 349.55
2024-06-22	记-31	购入设备K，款付	网银	32062002TJ0500810252		56 500.00	借	914 849.55
2024-06-22		本日合计			82 015.00	56 500.00	借	914 849.55
2024-06-23	记-35	预付常州红景有限公司货款	转账支票	72096551129722228		70 000.00	借	844 849.55

第三章　数字化会计账簿

(续表)

日期	凭证字号	摘要	结算方式	票据号	借方	贷方	方向	余额
2024-06-23		本日合计				70 000.00	借	844 849.55
2024-06-25	记-37	存入现金			904.00		借	845 753.55
2024-06-25		本日合计			904.00		借	845 753.55
2024-06-28	记-38	支付行政部设备修理费	转账支票	72096551129722229		11 300.00	借	834 453.55
2024-06-28		本日合计				11 300.00	借	834 453.55
2024-06-29	记-40	支付本月水费	转账支票	72096551129722230		2 235.45	借	832 218.10
2024-06-29		本日合计				2 235.45	借	832 218.10
2024-06-30	记-45	偿付前欠常州红山有限公司的货款	转账支票	72096551129722231		50 000.00	借	782 218.10
2024-06-30		本日合计				50 000.00	借	782 218.10
2024-06-30		本月合计			661 919.00	952 926.26	借	782 218.10
2024-06-30		本年累计			3 057 964.38	2 573 884.68	借	782 218.10

制表人：　　　　　　　　　　　　　　　　　　　　　　　　打印日期：2024-6-30

表 3-2

1002 银行存款总账

科目:1002 银行存款　　　　　　　　　　　　　　　　期间:2024.01—2024.06

期间	摘要	借方	贷方	方向	余额
	上期结转			借	351 480.05
2024.01	本月合计	470 000.00	403 210.70	借	418 269.35
2024.01	本年累计	470 000.00	403 210.70	借	418 269.35
2024.02	本月合计	320 988.12	370 923.34	借	368 334.13
2024.02	本年累计	790 988.12	774 134.04	借	368 334.13
2024.03	本月合计	279 812.04	331 790.56	借	316 355.61
2024.03	本年累计	1 070 800.16	1 105 924.60	借	316 355.61
2024.04	本月合计	520 972.78	349 018.12	借	488 310.27
2024.04	本年累计	1 591 772.94	1 454 942.72	借	488 310.27
2024.05	本月合计	804 272.44	166 015.70	借	1 126 567.01
2024.05	本年累计	2 396 045.38	1 620 958.42	借	1 126 567.01
2024.06	本月合计	842 124.00	1 133 436.26	借	835 254.75
2024.06	本年累计	3 238 169.38	2 754 394.68	借	835 254.75

表 3-3

科目汇总表

期间:2024.06—2024.06　　　　　　　　　　　　　　　　凭证编号:
凭证张数:59　　　　　　　作废凭证张数:0　　　　　　　原始单据数:99

科目类别	科目代码	科目名称	本期借方发生金额	本期贷方发生金额
资产	1001	库存现金	4 304.00	4 593.23
资产	1002	银行存款	842 124.00	1 133 436.26
资产	1012	其他货币资金	102 190.99	
资产	1121	应收票据	226 000.00	
资产	1122	应收账款	272 181.00	64 000.00
资产	1123	预付账款	70 000.00	18 945.00
资产	1221	其他应收款	1 000.00	1 000.00
资产	1231	坏账准备	4 000.00	
资产	1402	在途物资	69 450.45	69 450.45
资产	1403	原材料	150 919.82	165 266.45
资产	1405	库存商品	282 771.81	453 165.00
资产	1409	合同履约成本	917.43	917.43
资产	1601	固定资产	50 000.00	
资产	1602	累计折旧		14 778.27
(资产)小计:			2 075 859.50	1 925 552.09

(续表)

科目类别	科目代码	科目名称	本期借方发生金额	本期贷方发生金额
负债	2001	短期借款		180 000.00
负债	2201	应付票据		56 990.99
负债	2202	应付账款	50 000.00	18 276.40
负债	2204	合同负债	508 500.00	80 000.00
负债	2211	应付职工薪酬	268 650.00	256 500.00
负债	2221	应交税费	446 731.45	455 058.05
负债	2231	应付利息	510.00	765.00
负债	2232	应付股利		300 000.00
负债	2241	其他应付款	40 795.00	40 795.00
(负债)小计:			**1 315 186.45**	**1 388 385.44**
权益	4103	本年利润	711 663.39	1 191 000.00
权益	4104	利润分配	300 000.00	
(权益)小计:			**1 011 663.39**	**1 191 000.00**
成本	5001	生产成本	385 000.00	282 771.81
成本	5101	制造费用	66 850.00	66 850.00
(成本)小计:			**451 850.00**	**349 621.81**
损益	6001	主营业务收入	1 190 000.00	1 190 000.00
损益	6051	其他业务收入	800.00	800.00
损益	6301	营业外收入	200.00	200.00
损益	6401	主营业务成本	454 082.43	454 082.43
损益	6402	其他业务成本	570.45	570.45
损益	6403	营业税金及附加	14 986.63	14 986.63
损益	6601	销售费用		
损益	6602	管理费用	83 686.63	83 686.63
损益	6603	财务费用	−1 441.62	−1 441.62
损益	6801	所得税费用	159 778.87	159 778.87
(损益)小计:			**1 902 663.39**	**1 902 663.39**
合计:			**6 757 222.73**	**6 757 222.73**

第四章　数字化财务会计报表

财务会计报表在会计数字化平台中,根据账簿数据按照财务会计报表各项目的取数要求自动生成。

一、财务会计报表的生成要求

为了使财务会计报表能够最大限度地满足各有关方面的需要,实现财务会计报表的基本目的,充分发挥财务会计报表的作用,企业的财务会计报表应当真实可靠、相关可比、全面完整、编报及时、便于理解,符合国家统一的会计制度的有关规定。

1. 真实可靠

财务会计报表各项目的数据必须建立在真实、可靠的基础上,使企业财务会计报表能够如实反映企业的财务状况、经营成果和现金流量情况。因此,财务会计报表必须根据审核无误的账簿及相关资料生成,不得以任何方式弄虚作假。

2. 相关可比

财务会计报表所提供的财务会计信息,必须与报表使用者的决策需要相关,并且便于不同企业或同一企业不同时期之间相互比较。只有提供相关而且可比的信息,才能便于报表使用者分析企业在整个社会特别是同行业中的地位,了解、判断企业过去、现在的情况,预测企业未来的发展趋势,进而为报表使用者的决策服务。

3. 全面完整

企业的财务会计报表应当全面披露企业的财务状况、经营成果和现金流量情况,完整地反映企业财务活动的过程和结果,以满足各有关方面对财务会计信息资料的需要。为了保证财务会计报表的全面完整,企业在利用数字化平台生成财务会计报表时,应当按照《企业会计准则》或《小企业会计准则》规定的格式和内容填报。特别对某些重要事项,应当按要求在会计报表附注中进行说明,不得漏编、漏报。

4. 编报及时

企业财务会计报表所提供的信息资料,应当具有很强的时效性。只有及时编制和报送财务会计报表,才能为使用者提供决策所需的信息。否则,即使财务会计报表非常真实可靠、全面完整,且具有可比性,但由于编报不及时,也可能失去其应有的价值。随着市场经济和信息技术的迅速发展,财务会计报表的及时性要求将变得日益重要。

5. 便于理解

企业的财务会计报表应当清晰明了、便于理解。如果提供的财务会计报表晦涩难懂,不易理解,使用者就无法据以做出准确的判断,所提供的财务会计报表的作用也就大大降低了。当然,这一要求是建立在财务会计报表使用者具有一定的财务会计报表阅读能力的基础上的。

二、发生额及余额表的查询

发生额及余额表即科目发生额及余额表,是财务会计报表中的重要组成部分,可以直观地为管理者提供企业在特定期间的各项资金的变化及存量情况等会计信息,有助于监控资金的使用效率,及时发现资金使用过程中存在的问题并进行调整,针对余额异常情况进行预警。通过查询"发生额与余额表"得到的 2024 年 6 月发生额及余额表,如表 4-1 所示。

表 4-1　　　　　　　　　　　　　　科目发生额及余额

科目代码	科目名称	年初借方余额	年初贷方余额	本年累计借方金额	本年累计贷方金额	期末借方余额	期末贷方余额
1001	库存现金	4 217.04		13 300.12	14 245.34	3 271.82	
1002	银行存款	351 480.05		3 238 169.38	2 754 394.68	835 254.75	
1012	其他货币资金			337 390.99		337 390.99	
1121	应收票据	10 000.00		556 000.00	180 000.00	386 000.00	
1122	应收账款	726 000.00		819 681.00	84 000.00	1 461 681.00	
1123	预付账款	101 397.11		70 000.00	50 769.08	120 628.03	
1221	其他应收款			1 000.00	1 000.00		
1231	坏账准备		36 300.00	4 000.00			32 300.00
1321	受托代销商品						
1401	材料采购						
1402	在途物资			69 450.45	69 450.45		
1403	原材料	147 712.80		420 404.02	551 414.45	16 702.37	
1405	库存商品	255 750.00		1 318 021.81	1 264 165.00	309 606.81	
1409	合同履约成本			917.43	917.43		
1601	固定资产	2 115 083.00		50 000.00		2 165 083.00	
1602	累计折旧		524 498.25		44 334.81		568 833.06
1811	递延所得税资产	9 075.00				9 075.00	
资产(小计)		3 720 715.00	560 798.25	6 898 335.20	5 014 691.24	5 644 693.77	601 133.06
2001	短期借款				180 000.00		180 000.00
2201	应付票据				292 190.99		292 190.99
2202	应付账款		582 098.71	649 495.83	890 569.33		823 172.21
2204	合同负债			508 500.00	588 500.00		80 000.00
2211	应付职工薪酬		268 650.00	1 619 780.00	1 607 630.00		256 500.00
2221	应交税费		456 185.07	1 475 728.02	1 319 797.00		300 254.05
2231	应付利息			510.00	765.00		255.00
2232	应付股利				300 000.00		300 000.00
2241	其他应付款			244 770.00	244 770.00		
负债(小计)			1306933.78	4498783.85	5424222.32		2 232 372.25
4001	实收资本(或股本)		500 000.00				500 000.00
4101	盈余公积		304 003.64		19 844.70		323 848.34
4103	本年利润			1 927 797.18	3 092 000.00		1 164 202.82
4104	利润分配		1 283 300.99	300 000.00			983 300.99
所有者权益(小计)			2 087 304.63	2 227 797.18	3 111 844.70		2 971 352.15

(续表)

科目代码	科目名称	年初借方余额	年初贷方余额	本年累计借方金额	本年累计贷方金额	期末借方余额	期末贷方余额
5001	生产成本	234 321.66		1 243 863.84	1 318 021.81	160 163.69	
5101	制造费用			205 983.64	205 983.64		
成本(小计)		234 321.66		1 449 847.48	1 524 005.45	160 163.69	
6001	主营业务收入			3 090 000.00	3 090 000.00		
6051	其他业务收入			800.00	800.00		
6301	营业外收入			1 200.00	1 200.00		
收入(小计)							
6401	主营业务成本			1 267 382.53	1 267 382.53		
6402	其他业务成本			570.45	570.45		
6403	税金及附加			46 903.63	46 903.63		
6601	销售费用			10 000.00	10 000.00		
6602	管理费用			213 738.63	213 738.63		
6603	财务费用			−1 365.67	−1 365.67		
6711	营业外支出			2 500.00	2 500.00		
6801	所得税费用			388 067.61	388 067.61		
费用类(小计)				1 927 797.18	1 927 797.18		
合计		3 955 036.66	3 955 036.66	15 462 831.32	15 462 831.32	5 804 857.46	5 804 857.46

三、财务会计报表的生成

(一) 资产负债表的生成规则

通常资产负债表的各项目均需反映"上年年末余额"和"期末余额"数据。

"上年年末余额"栏内各项数字,应根据上年年末(12月31日)资产负债表的"期末余额"栏内数字填列。如果本年度资产负债表各项目的名称和内容与上年相比发生变动,应对上年年末资产负债表各项目的名称和金额按本年度的规定进行调整,按调整后的金额填入本表的"上年年末余额"栏内。

"期末余额"栏内各项金额则可为月末、季末或年末的金额,应根据会计账簿记录填列。其中,大多数项目可以直接根据账户余额填列,少数项目则要根据账户余额进行分析、计算后才能填列。具体填列方法归纳起来主要有以下几种。

1. 根据总账账户的期末余额填列

"其他权益工具投资""递延所得税资产""长期待摊费用""短期借款""应付票据""持有待售负债""递延所得税负债""实收资本(股本)""库存股""资本公积""其他综合收益""盈余公积"等项目,应根据有关总账账户的余额填列。其中,长期待摊费用年限有(或期限)只剩一年或不足一年的,或者预计在一年内(含一年)进行摊销的部分,仍在"长期待摊费用"项目中列示,不转入"一年内到期的非流动资产"项目。

有些项目应根据几个总账账户的期末余额分析计算填列,如"货币资金"项目,需根据"库存现金""银行存款"和"其他货币资金"三个总账账户的期末余额合计数填列;"其他应付款"项目,应根据"应付利息""应付股利"和"其他应付款"三个总账账户的期末余额合计数填列。

"未分配利润"项目,平时本项目应根据"本年利润"和"利润分配"账户的余额计算填列,未弥补的亏损,在本项目内以"－"号填列。"本年利润"和"未分配利润"的余额均在贷方的,用两者余额之和填列;余额均在借方的,将两者余额之和在本项目内以"－"号填列;两者余额一个在借方一个在贷方的,用两者余额互相抵减后的差额填列,如为借差,则在本项目内以"－"号填列。年度终了,该项目可以只根据"利润分配"账户的期末余额填列。余额在贷方的直接填列,余额在借方的在本项目内以"－"号填列。

2. 根据明细账账户的期末余额分析计算填列

"交易性金融资产"项目,应根据"交易性金融资产"账户的相关明细账户期末余额分析填列。自资产负债表日起超过1年到期,且预期持有超过1年的以公允价值计量,且其变动计入当期损益的非流动金融资产的期末账面价值,在"其他非流动金融资产"项目中反映。

"债权投资"项目,应根据"债权投资"账户的相关明细账户期末余额,减去"债权投资减值准备"账户中相关减值准备的期末余额后的金额分析填列。自资产负债表日起1年内到期的长期债权投资的期末账面价值,在"一年内到期的非流动资产"项目中反映。企业购入的以摊余成本计量的1年内到期的债权投资的期末账面价值,在"其他流动资产"项目中反映。

"其他债权投资"项目,应根据"其他债权投资"账户的相关明细账户期末余额分析填列。自资产负债表日起1年内到期的长期债权投资的期末账面价值,在"一年内到期的非流动资产"项目中反映。企业购入的以公允价值计量且其变动计入其他综合收益的1年内到期的债权投资的期末账面价值,在"其他流动资产"项目中反映。

"开发支出"项目,应根据"研发支出"账户中所属的"资本化支出"明细账户期末余额填列。

"应付账款"项目,应根据"应付账款"和"预付账款"账户所属的相关明细账户的期末贷方余额合计数填列。

"应交税费"项目,应根据"应交税费"账户的明细账户期末余额分析计算填列,其中的借方余额,应当根据其流动性在"其他流动资产"或"其他非流动资产"项目中填列。

"一年内到期的非流动资产""一年内到期的非流动负债"项目,应根据有关非流动资产或负债项目的明细账户期末余额计算分析填列。

"应付职工薪酬"项目,应根据"应付职工薪酬"账户的明细账户期末余额计算分析填列。

"预计负债"项目,应根据"预计负债"账户的明细账户期末余额计算分析填列。

"未分配利润"项目,应根据"利润分配"账户中所属的"未分配利润"明细账户期末余额计算分析填列。

3. 根据有关总账及其明细账的期末余额分析计算填列

"长期借款"项目,应根据"长期借款"总账账户的期末余额扣除"长期借款"总账所属的明细账中将在资产负债表日起1年内到期,且企业不能自主地将清偿义务展期的长期借款后的金额分析计算填列;"其他流动资产""其他流动负债"项目,应根据有关总账账户及有关账户的明细账户期末余额计算分析填列;"其他非流动负债"项目,应根据有关总账账户的期末余额减去将于1年内(含1年)到期偿还后的金额计算分析填列。

4. 根据有关账户期末余额减去其备抵账户余额后的净额填列

"应收票据"项目,应根据"应收票据"账户的期末余额,减去"坏账准备"账户中相关坏账准备期末余额后的金额填列。

"应收账款"项目,应根据"应收账款"账户的期末余额,减去"坏账准备"账户中相关坏账准备期末余额后的金额填列。

"其他应收款"项目,应根据"应收利息""应收股利"和"其他应收款"账户的期末余额合计数,减去"坏账准备"账户中相关坏账准备期末余额后的金额填列。

"债权投资""长期股权投资""在建工程"和"商誉"等项目,应根据相关账户的期末余额填列,已计提减值准备的,还应扣减相应的减值准备。

"固定资产""无形资产"和"投资性房地产"项目,应根据相关账户的期末余额扣减相关的累计折旧或摊销填列,已计提减值准备的,还应扣减相应的减值准备,折旧或摊销年限只剩一年或不足一年的,或者预计在一年内(含一年)进行折旧或摊销的部分,仍在上述项目中列示,不转入"一年内到期的非流动资产"项目,采用公允价值计量的上述资产,应根据相关账户的期末余额填列。其中,"固定资产"项目,应根据"固定资产"账户的期末余额,减去"累计折旧"和"固定资产减值准备"账户的期末余额后的金额,以及"固定资产清理"账户的期末余额填列。

"长期应收款"项目,应根据"长期应收款"账户的期末余额,减去相应的"未实现融资收益"账户和"坏账准备"账户所属相关明细账户期末余额后的金额填列。

"长期应付款"项目,应根据"长期应付款"账户的期末余额,减去相关的"未确认融资费用"账户的期末余额后的金额,以及"专项应付款"账户的期末余额填列。

"在建工程"项目,应根据"在建工程"账户的期末余额,减去"在建工程减值准备"账户的期末余额后的金额,以及"工程物资"账户的期末余额,减去"工程物资减值准备"账户的期末余额后的金额填列。

5. 综合运用上述填列方法计算分析填列

"预付款项"项目,应根据"预付账款"和"应付账款"账户所属各明细账户的期末借方余额合计数,减去"坏账准备"账户中有关预付款项计提的坏账准备期末余额后的金额填列。

"合同资产"和"合同负债"项目,应根据"合同资产"账户和"合同负债"账户的明细账户期末余额计算分析填列,同一合同下的合同资产和合同负债应当以净额列示,其中,净额为借方余额的,应当根据其流动性在"合同资产"或"其他非流动资产"项目中填列,已计提减值准备的,还应减去"合同资产减值准备"账户中相应的期末余额后的金额填列,其中,净额为贷方余额的,应当根据其流动性在"合同负债"或"其他非流动负债"项目中填列。

"存货"项目,应根据"材料采购""在途物资""原材料""发出商品""库存商品""周转材料""委托加工物资""生产成本"和"受托代销商品"等账户的期末余额及"合同履约成本"账户的明细账户中初始确认时摊销期限不超过1年或一个正常营业周期的期末余额合计,减去"受托代销商品款"和"存货跌价准备"账户期末余额及"合同履约成本减值准备"账户中相应的期末余额后的金额填列。

"其他非流动资产"项目,应根据有关账户的期末余额减去将于1年内(含1年)收回后的金额,及"合同取得成本"账户和"合同履约成本"账户的明细账户中初始确认时摊销期限在1年或一个正常营业周期以上的期末余额,减去"合同取得成本减值准备"账户和"合同履约成本减值准备"账户中相应的期末余额后的金额填列。

(二) 利润表的生成规则

利润表在形式上分为表头和表体两部分,表头部分主要反映报表名称、报表编制单位名称、报表编制日期和货币计量单位等内容,表体部分主要反映报表的各项指标内容。

1. 本期金额栏的生成规则

利润表中,"本期金额"栏内的各项数据,一般应根据期末结转前各损益类账户本期发生额分析计算列示,具体方法归纳起来有以下几种。

1) 收入类项目的生成

收入类项目大多是根据收入类账户期末结转前贷方发生额减去借方发生额后的差额填列,若差额为负数,以"-"号填列,如"其他收益""投资收益""公允价值变动收益""资产处置收益"和"营业外收入"等项目。但"营业收入"项目,应根据"主营业务收入"账户借贷发生额的差额,加上"其他业务收入"账户的借贷发生额的差额之和列示。在数字化平台中,要求损益类科目只能一个方向,所以,在系统中应取收入类科目贷方发生额。

2) 费用类项目的生成

费用类项目大多是根据费用类账户期末结转前借方发生额减去贷方发生额后的差额填列,若差额为负数,以"-"号填列,如"税金及附加""销售费用""管理费用""财务费用""资产减值损失""信用减值损失""营业外支出"和"所得税费用"等项目。由于数字化平台要求损益类科目只能一个方向,所以,在系统中应取费用类科目借方发生额。

但"营业成本"项目,应根据"主营业务成本"账户借贷发生额的差额,加上"其他业务成本"账户的借贷发生额的差额之和填列。

"研发费用"项目,反映企业进行研究与开发过程中发生的费用化支出。该项目应根据"管理费用"科目下的"研发费用"明细科目的发生额,以及"管理费用"科目下的"无形资产摊销"明细科目的发生额分析计算填列。

"其他权益工具投资公允价值变动"项目,应根据"其他综合收益"科目下的相关明细科目的发生额分析计算填列。

"其他债权投资公允价值变动"项目,应根据"其他综合收益"科目下的相关明细科目的发生额分析计算填列。

3) 自然计算项目的生成

利润表中有些项目,应通过表中有关项目自然计算后的金额填列,如"营业利润""利润总额"和"净利润"等项目。需要指出的是,"利润总额"项目如为亏损,以"-"号列示;"净利润"项目如为净亏损,也以"-"号列示。

4) 特殊项目的生成

利润表中的"基本每股收益"项目,仅仅考虑当期实际发行在外的普通股股份,应按照归属于普通股股东的当期净利润除以当期实际发行在外的普通股的加权平均数计算确定;"稀释每股收益"项目,在存在稀释性潜在普通股时,应根据其影响分别调整归属于普通股股东的当期净利润以及发行在外普通股的加权平均数计算。

月度利润表与年度利润表的取数及计算规则有所不同。月度利润表的"本期金额"栏,反映各项目的本月实际发生数;在编报年度利润表时,"本期金额"栏,反映各项目自年初起至本月末止的累计发生数。

2. 上期金额栏的生成方法

利润表中"上期金额"栏的数字,应取自上年利润表中"本期金额"栏内所列数字。如果上年该期利润表规定的各个项目名称和内容与本期不相一致的,应对上年度的报表项目的名称和数字按本年度的规定进行调整后再取。

四、财务会计报表的生成实例

仍以上述常州东升有限公司2024年6月份经济业务为例,在会计数字化平台中生成该公司2024年6月30日的资产负债表及2024年6月利润表,如表4-2和表4-3所示。

表4-2

资产负债表

会企01表

编制单位:常州东升有限公司　　2024年06月30日　　单位:元

资产	期末余额	上年年末余额	负债和所有者权益	期末余额	上年年末余额
流动资产:			**流动负债:**		
货币资金	1 175 917.56	355 697.09	短期借款	180 000.00	
交易性金融资产			交易性金融负债		
衍生金融资产			衍生金融负债		
应收票据	386 000.00	10 000.00	应付票据	292 190.99	
应收账款	1 429 381.00	689 700.00	应付账款	823 172.21	582 098.71
应收款项融资			预收款项		
预付款项	120 628.03	101 397.11	合同负债	80 000.00	
其他应收款			应付职工薪酬	256 500.00	268 650.00
存货	486 472.87	637 784.46	应交税费	300 254.05	456 185.07
合同资产			其他应付款	300 255.00	
持有待售资产			持有待售负债		
一年内到期的非流动资产			一年内到期的非流动负债		
其他流动资产			其他流动负债		
流动资产合计	3 598 399.46	1 794 578.66	**流动负债合计**	2 232 372.25	1 306 933.78
非流动资产:			**非流动负债:**		
债权投资			长期借款		
其他债权投资			应付债券		
长期应收款			其中:优先股		
长期股权投资			永续债		
其他权益工具投资			租赁负债		
其他非流动金融资产			长期应付款		
投资性房地产			预计负债		
固定资产	1 596 249.94	1 590 584.75	递延收益		

(续表)

资产	期末余额	上年年末余额	负债和所有者权益	期末余额	上年年末余额
在建工程			递延所得税负债		
生产性生物资产			其他非流动负债		
油气资产			**非流动负债合计**		
无形资产			**负债合计**	2 232 372.25	1 306 933.78
开发支出			**所有者权益(或股东权益):**		
商誉			实收资本(或股本)	500 000.00	500 000.00
长期待摊费用			其他权益工具		
递延所得税资产	9 075.00	9 075.00	其中:优先股		
其他非流动资产			永续债		
非流动资产合计	1 605 324.94	1 599 659.75	资本公积		
			减:库存股		
			其他综合收益		
			专项储备		
			盈余公积	323 848.34	304 003.64
			未分配利润	2 147 503.81	1 283 300.99
			所有者权益(或股东权益)合计	2 971 352.15	2 087 304.63
资产总计	5 203 724.40	3 394 238.41	**负债和所有者权益(或股东权益)总计**	5 203 724.40	3 394 238.41

单位负责人:李金峰　　主管会计工作负责人:周海波　　会计机构负责人:丁小林

利 润 表

表4-3

编制单位:贵州东扑有限公司　　2024年06月

会企02表
单位:元

项　　　　目	本期金额	上期金额
一、营业收入	1 190 800.00	略
减:营业成本	458 982.45	
税金及附加	14 986.63	
销售费用		
管理费用	83 686.63	
研发费用		
财务费用	−1 441.62	
其中:利息费用	765.00	
利息收入	2 220.00	
加:其他收益		

(续表)

项　　　　目	本期金额	上期金额
投资收益(损失以"—"号填列)		
其中:对联营企业和合营企业的投资收益		
以摊余成本计量的金融资产终止确认收益(损失以"—"号填列)		
净敞口套期收益(损失以"—"号填列)		
公允价值变动收益(损失以"—"号填列)		
信用减值损失(损失以"—"号填列)		
资产减值损失(损失以"—"号填列)		
资产处置收益(损失以"—"号填列)		
二、营业利润(亏损以"—"号填列)	638 915.48	
加:营业外收入	200.00	
减:营业外支出		
三、利润总额(亏损总额以"—"号填列)	639 115.48	
减:所得税费用	159 778.87	
四、净利润(净亏损以"—"号填列)	479 336.61	
(一)持续经营净利润(净亏损以"—"号填列)		
(二)终止经营净利润(净亏损以"—"号填列)		
五、其他综合收益的税后净额		
(一)不能重分类进损益的其他综合收益		
1. 重新计量设定受益计划变动额		
2. 权益法下不能转损益的其他综合收益		
3. 其他权益工具投资公允价值变动		
4. 企业自身信用风险公允价值变动		
……		
(二)将重分类进损益的其他综合收益		
1. 权益法下可转损益的其他综合收益		
2. 其他债权投资公允价值变动		
3. 金融资产重分类计入其他综合收益的金额		
4. 其他债权投资信用减值准备		
5. 现金流量套期储备		
6. 外币财务报表折算差额		
……		

(续表)

项　　　　目	本期金额	上期金额
六、综合收益总额	479 336.61	
七、每股收益：		
（一）基本每股收益		
（二）稀释每股收益		

单位负责人：*李金峰*　　　主管会计工作负责人：*周海波*　　　会计机构负责人：*丁小林*